Proyecto de la OCDE y del G-20 sobre la Erosión de la Base Imponible y el Traslado de Beneficios

Desarrollar un instrumento multilateral que modifique los convenios fiscales bilaterales, Acción 15 - Informe final 2015

Tanto este documento como cualquier mapa que se incluya en él no conllevan perjuicio alguno respecto al estatus o la soberanía de cualquier territorio, a la delimitación de fronteras y límites internacionales, ni al nombre de cualquier territorio, ciudad o área.

Por favor, cite esta publicación de la siguiente manera:
OCDE (2016), *Desarrollar un instrumento multilateral que modifique los convenios fiscales bilaterales, Acción 15 - Informe final 2015*, Proyecto de la OCDE y del G-20 sobre la Erosión de la Base Imponible y el Traslado de Beneficios, Éditions OCDE, Paris.
http://dx.doi.org/10.1787/9789264267435-es

ISBN 978-92-64-26712-1 (impresa)
ISBN 978-92-64-26743-5 (PDF)

Serie: Proyecto de la OCDE y del G-20 sobre la Erosión de la Base Imponible y el Traslado de Beneficios
ISSN 2415-6094 (impresa)
ISSN 2415-6108 (en línea)

Fotografías: Portada © ninog - Fotolia.com

Las erratas de las publicaciones de la OCDE se encuentran en línea en: *www.oecd.org/about/publishing/corrigenda.htm*.

Prefacio

Los problemas de fiscalidad internacional nunca habían ocupado un lugar tan prioritario en las agendas políticas como hoy en día. La integración de las economías y los mercados nacionales se ha intensificado de manera sustancial en los últimos años colocando, así, contra las cuerdas al sistema fiscal internacional, diseñado hace más de un siglo. Las normas actuales han dejado al descubierto una serie de puntos débiles que generan oportunidades para la erosión de las bases imponibles y el traslado de beneficios (BEPS, por sus siglas en inglés), lo que exige decisiones drásticas y determinación por parte de los responsables políticos con miras a restablecer la confianza en el sistema tributario internacional y asegurarse de que los beneficios tributen allí donde se desarrollen efectivamente las actividades económicas y se genere valor.

En septiembre de 2013, a raíz de la publicación del informe titulado *Lucha contra la erosión de la base imponible y el traslado de beneficios* en febrero de 2013, los países de la OCDE y del G-20 avalaron y adoptaron un Plan de Acción conformado por 15 líneas de actuación o «acciones» para dar respuesta a los problemas BEPS. Dicho Plan de acción y las 15 medidas que lo conforman giran en torno a tres *pilares* fundamentales: dotar de coherencia a las normas de Derecho interno que afectan a las actividades transfronterizas; reforzar el *criterio de actividad sustancial* contemplado por las normas internacionales en vigor y, por último, mejorar la transparencia y la seguridad jurídica.

Desde entonces, todos los países de la OCDE y del G-20 han trabajado de manera conjunta y en condiciones de igualdad, habiendo igualmente manifestado su postura y aportado sus puntos de vista la Comisión Europea a lo largo de todo el proceso atinente al Proyecto BEPS. Los países en desarrollo han participado extensa y activamente a través de diversos y diferentes mecanismos, incluida la participación directa en el Comité de Asuntos Fiscales (CAF). Adicionalmente, organismos fiscales regionales como el Foro Africano de Administración Tributaria (ATAF, por sus siglas en inglés), el Centro de Encuentros y Estudios de Dirigentes de Administraciones Fiscales (CREDAF, por sus siglas en francés) y el Centro Interamericano de Administraciones Tributarias (CIAT) se unieron a organizaciones internacionales tales como el Fondo Monetario Internacional (FMI), el Banco Mundial o Naciones Unidas (ONU) para contribuir a la labor desarrollada. Fruto de la consulta minuciosa a las partes interesadas, el Proyecto BEPS recibió en total más de 1 400 páginas de comentarios procedentes de organizaciones sectoriales y asociaciones empresariales, asesores, organizaciones no gubernamentales (ONG), docentes y otros representantes del sector académico, al igual que también se celebraron 14 consultas públicas retransmitidas en directo a través de la web, junto con la difusión de sesiones en forma de *webcasts,* a través de las cuales la Secretaría de la OCDE informaba periódicamente a los seguidores y respondía a preguntas.

La compleción de los informes correspondientes a las 15 medidas del *Plan de acción BEPS* ha requerido dos años de trabajo. Todos los resultados plasmados en los distintos informes, incluidos los apuntados en los informes provisionales presentados en 2014, han adquirido carácter definitivo y se han unificado dando lugar a un paquete de medidas integral. El Paquete de medidas BEPS representa la primera renovación sustancial de las normas y estándares fiscales internacionales en casi un siglo. Una vez las nuevas medidas comiencen a aplicarse, se espera conseguir que los beneficios se declaren allí donde se desarrollen las actividades económicas que los generan y se crea valor. Todas aquellas estrategias de planificación fiscal con fines claramente elusivos cimentadas sobre normas obsoletas o sustentadas por medidas internas mal coordinadas quedarán sin efecto.

En consecuencia, la implementación resulta clave en esta fase. El paquete de medidas BEPS se diseñó precisamente para ser implementado mediante cambios en la legislación y prácticas nacionales y en aplicación de las disposiciones contempladas en los convenios fiscales, existiendo negociaciones actualmente en curso para desarrollar un instrumento multilateral que se prevé concluyan en 2016. Asimismo, los países de la OCDE y del G-20 han acordado seguir trabajando conjuntamente a fin de garantizar la implementación sistemática y coordinada de las recomendaciones en materia de BEPS. La globalización exige soluciones comunes, así como también es preciso entablar un diálogo a escala mundial que trascienda los países de la OCDE y del G-20. A tal fin, los países de la OCDE y del G-20 diseñarán y propondrán en 2016 un marco inclusivo de seguimiento, contando para ello con la participación de todos los países interesados en condiciones de igualdad.

A priori, una mejor comprensión acerca de la aplicación práctica de las recomendaciones en materia de BEPS podría disipar equívocos y dirimir controversias entre los distintos gobiernos, por lo que un mayor énfasis en temas como la implementación y administración tributaria debería resultar mutuamente beneficioso para administraciones públicas y empresas. Por último, las mejoras propuestas en materia de recopilación y análisis de datos permitirán llevar a cabo una evaluación permanente del impacto en términos cuantitativos no sólo del fenómeno BEPS, sino también de las medidas antielusivas desarrolladas en el marco del Proyecto BEPS.

Índice

Siglas y abreviaturas

APA	Acuerdo de fijación anticipada de precios
BEPS	Erosión de la base imponible y traslado de beneficios
CAF	Comité de Asuntos Fiscales
UE	Unión Europea
OACI	Organización de Aviación Civil Internacional
OIT	Organización Internacional del Trabajo
MAC	Convenio de Asistencia Administrativa Mutua en Materia Fiscal
PROCAMIS	Procedimiento Amistoso
OCDE	Organización para la Cooperación y Desarrollo Económicos
EP	Establecimiento permanente
AAMCR	Asociación del Asia Meridional para la Cooperación Regional
ONU	Organización de las Naciones Unidas
CVDT	Convención de Viena sobre el Derecho de los Tratados

Resumen ejecutivo

La aprobación del *Plan de acción contra la erosión de la base imponible y el traslado de beneficios* (Plan de acción BEPS, OCDE, 2013) por parte de los líderes del G-20, con motivo de la Cumbre de San Petersburgo, celebrada en septiembre de 2013, representa un apoyo político sin precedentes a la adaptación del actual sistema tributario internacional ante los desafíos que plantea la globalización. Los convenios tributarios se basan en una serie de principios comunes concebidos para poner fin a la doble imposición que pueda tener lugar con motivo de los intercambios transfronterizos y las inversiones extranjeras. La actual red de convenios tributarios bilaterales se remonta a los años 1920 y el primer modelo de convenio tributario con carácter no vinculante fue diseñado por la Sociedad de Naciones. La Organización para la Cooperación y el Desarrollo Económicos (OCDE) y la Organización de las Naciones Unidas (ONU) han ido actualizando con posterioridad los modelos de convenios tributarios inspirándose en aquel modelo originario. El contenido de dichos modelos se refleja en miles de acuerdos bilaterales suscritos entre las distintas jurisdicciones.

La globalización ha agravado los efectos de las lagunas y las discrepancias entre los sistemas tributarios de los distintos países y, en consecuencia, ciertas características del sistema actual de convenios fiscales bilaterales facilitan la erosión de la base imponible y el traslado de beneficios (BEPS, por sus siglas en inglés), por lo que hay que luchar contra estos problemas. Más allá de las dificultades a las que se enfrenta el sistema actual en cuestiones de fondo, la enorme cantidad de convenios bilaterales complica significativamente la actualización de la red de convenios fiscales vigentes. Si bien las modificaciones al Modelo de Convenio Tributario de la OCDE se efectúan por consenso, se requiere de gran cantidad de recursos y tiempo para su transposición en la mayoría de los convenios bilaterales. En consecuencia, la red existente no está bien sincronizada con los modelos de convenios tributarios y, con el tiempo, surgen problemas a los que es imposible dar una respuesta inmediata. Sin un mecanismo que garantice su rápida implementación, las modificaciones realizadas en los modelos de convenio no hacen sino aumentar las discrepancias entre el contenido de éstos y el de los convenios fiscales en vigor. Evidentemente, ello contradice el objetivo político de reforzar el sistema actual para poner fin al fenómeno BEPS, lo cual se conseguirá, en parte, modificando la red de convenios bilaterales, algo necesario no solamente para erradicar dichas prácticas, sino también para garantizar la sostenibilidad del marco consensual para eliminar la doble imposición. Por esta razón, los gobiernos han decidido estudiar la viabilidad de un instrumento multilateral que produciría los mismos efectos que una renegociación simultánea de miles de convenios fiscales bilaterales.

La Acción 15 del Plan de acción BEPS ofrece un análisis de algunas cuestiones de derecho internacional público y tributario relativas a la elaboración de un instrumento multilateral que permita a los países que así lo decidan aplicar las medidas elaboradas durante los trabajos llevados a cabo en el Proyecto BEPS y modificar los convenios fiscales bilaterales. Partiendo de este análisis, los países interesados desarrollarán un instrumento multilateral que ofrezca un enfoque innovador en el ámbito de la fiscalidad internacional que refleje la naturaleza rápidamente evolutiva de la economía global y la necesidad de adaptarse rápidamente a esta evolución. El objetivo de la Acción 15 radica en racionalizar la aplicación de las medidas concebidas en el marco del Proyecto BEPS relacionadas con los convenios fiscales. Se trata de un planteamiento innovador que no tiene antecedentes en el ámbito tributario, si bien existen precedentes de convenios bilaterales modificados por un instrumento multilateral en otros ámbitos del derecho internacional público. Basándose en los conocimientos de expertos en derecho internacional público y tributario, el informe de 2014, que se reproduce más adelante, examinó la viabilidad técnica de adoptar un mecanismo multilateral vinculante y su repercusión en el actual sistema de convenios fiscales. El informe, asimismo, puso de manifiesto las dificultades que plantea la elaboración de un instrumento de esa naturaleza y ofreció un análisis de los problemas que planteaba dicho enfoque desde el punto de vista político, de la fiscalidad internacional y del derecho internacional público.

Además, el Informe de 2014 llegó a la conclusión de que un instrumento multilateral es recomendable y viable, y que las negociaciones relativas a dicho instrumento deberían comenzar lo antes posible. Atendiendo al presente análisis, en febrero de 2015, el Comité de Asuntos Fiscales de la OCDE aprobó el mandato, avalado por los Ministros de Finanzas y Gobernadores de Bancos Centrales del G-20, para constituir un grupo *ad hoc* (en lo sucesivo, «el Grupo») dedicado a desarrollar un instrumento multilateral que incorporase medidas aplicables a los convenios fiscales para luchar contra la erosión de la base imponible y el traslado de beneficios, que se reproduce posteriormente en este documento. El Grupo está abierto a la participación en igualdad de condiciones de todos los países interesados y cuenta con la asistencia de la Secretaría de la OCDE. El Grupo comenzó su labor en mayo de 2015 con el objetivo de concluir sus trabajos y someter el instrumento multilateral a la firma no más tarde del 31 de diciembre de 2016. La participación en la elaboración de dicho instrumento tiene carácter voluntario y no entraña ningún compromiso de firmarlo una vez concluido.

Mandato para elaborar un instrumento multilateral que incorpore las medidas aplicables a los convenios tributarios para luchar contra la erosión de la base imponible y el traslado de beneficios

Preámbulo

Reconociendo que la Acción 15 del Plan de Acción contra la Erosión de la Base Imponible y el Traslado de Beneficios (BEPS, por sus siglas en inglés) instaba a elaborar un instrumento multilateral que implementase las medidas desarrolladas durante los trabajos llevados a cabo en el Proyecto BEPS y modificase los convenios fiscales bilaterales.

Considerando que el informe "Desarrollo de un instrumento multilateral para modificar los convenios fiscales bilaterales", aprobado por el Comité de Asuntos Fiscales y avalado por los líderes del G-20, llegaba a la conclusión de que un instrumento multilateral no solo es recomendable sino también viable, así como que las negociaciones relativas a dicho instrumento deberían dar comienzo lo antes posible.

Teniendo en cuenta que el comunicado emitido por los líderes del G-20 aprobado en la Cumbre de Brisbane, celebrada el 16 de noviembre de 2014, alude a los importantes avances del *Plan de* Acción contra la Erosión de la Base Imponible y el Traslado de Beneficios (BEPS) «para modernizar la normativa tributaria internacional».

Los países que participan en el Proyecto BEPS de la OCDE y del G-20 han acordado la constitución de un grupo *ad hoc* (en lo sucesivo, «el Grupo») con el mandato descrito a continuación. Reconocen que el Grupo no es un órgano de la OCDE —formal o informal—, por lo que la participación de jurisdicciones no miembros de la OCDE en el referido Grupo no crea, ni puede considerarse que cree, un precedente en el contexto de los procedimientos de la OCDE para la participación de Estados no miembros en las actividades de la OCDE.

A. Objetivo

1. El Grupo debe elaborar un instrumento multilateral que modifique los actuales convenios fiscales bilaterales con el fin exclusivo de aplicar con rapidez las medidas aplicables a tales convenios, desarrolladas durante los trabajos del Proyecto BEPS de la OCDE y del G-20.

B. Participación

1. Pueden formar parte del Grupo todos los Estados interesados.
2. Todos los miembros del Grupo participan en igualdad de condiciones.

3. Las jurisdicciones que no son Estados, a las que expresamente invite el Grupo a participar, pueden hacerlo en calidad de observadores.
4. El Grupo también puede invitar a participar en calidad de observadores a las organizaciones intergubernamentales internacionales y regionales pertinentes.

C. Plazo

1. Los trabajos del Grupo comenzarán a más tardar en julio de 2015.
2. El Grupo tratará de concluir sus trabajos y someter el instrumento multilateral a la firma a más tardar el 31 de diciembre de 2016.
3. El período del mandato otorgado al Grupo concluirá cuando se someta el instrumento multilateral a la firma.

D. Gobierno

1. El Pleno del Grupo es el órgano decisorio del Grupo.
2. El Pleno está asistido por:
   a. Una Mesa nombrada por el Pleno del Grupo, que preparará y orientará los trabajos del Grupo.
   b. Subgrupos u otros órganos existentes de la OCDE, según lo estime conveniente el Pleno.
3. El Pleno del Grupo, en su primera reunión, deberá nombrar a un presidente y a dos vicepresidentes, que tendrán esos mismos cargos en la Mesa.
4. El Grupo se reúne bajos los auspicios de la OCDE y del G-20 y cuenta con la asistencia de la Secretaría de la OCDE.
5. El funcionamiento del Grupo y sus subgrupos se regirá por el reglamento interno de la OCDE y las disposiciones de derecho internacional en materia de elaboración y celebración de tratados.
6. El Grupo informará de forma periódica al Comité de Asuntos Fiscales (en lo sucesivo, «el Comité») sobre los avances llevados a cabo y someterá al Comité y a sus órganos auxiliares las consideraciones que sean necesarias y convenientes.

E. Financiación

1. Los miembros del Grupo financiarán su funcionamiento.
2. Los miembros y los observadores del Grupo asumirán los gastos vinculados a su participación en los trabajos del Grupo.

Informe de 2014 – Desarrollo de un instrumento multilateral para modificar los convenios tributarios bilaterales

Introducción

1. **Existe un gran impulso político para acabar con la erosión de la base imponible y el traslado de beneficios.** En un contexto de severa consolidación fiscal y graves dificultades sociales, la erosión de la base imponible y el traslado de beneficios se han convertido en una prioridad fundamental para los gobiernos. El fenómeno BEPS se refiere principalmente a aquellas situaciones en las que la interacción entre legislaciones fiscales diferentes lleva a casos de doble no imposición o a una imposición inferior a la ordinaria. También está relacionado con los mecanismos destinados a lograr una baja o nula imposición mediante el traslado de beneficios de las jurisdicciones en las que éstos se originan hacia otras jurisdicciones. El Proyecto BEPS de la OCDE y del G-20 pretende luchar de forma integral contra estos problemas.

2. **El actual sistema de convenios tributarios bilaterales se centra en la eliminación de la doble imposición.** La interacción de los sistemas tributarios nacionales puede llevar a duplicaciones en el ejercicio de los derechos de imposición que den lugar a situaciones de doble imposición. Por ejemplo, si un residente en una jurisdicción («jurisdicción de residencia») obtiene una determinada renta en otra jurisdicción («jurisdicción fiscal territorial»), ambas jurisdicciones pueden gravar la renta con arreglo a su legislación interna. Los convenios internacionales para evitar la doble imposición, muchos de ellos basados en los principios que desarrolló la Sociedad de Naciones en los años veinte del siglo pasado, tratan de abordar estas duplicaciones para minimizar las distorsiones del mercado y los obstáculos al crecimiento económico sostenible. La red resultante de más de 3 000 convenios tributarios bilaterales, basada en modelos de convenios tributarios, resulta de gran valor, pues garantiza una coherencia general en la normativa fiscal aplicable al comercio transfronterizo y las inversiones extranjeras. Países de todo el mundo coinciden en señalar que es necesario acabar con la doble imposición y que hay que hacerlo con arreglo a normas pactadas a escala internacional que sean claras y predecibles, a fin de proporcionar seguridad tanto a las empresas como a los gobiernos.

3. **Sin embargo, algunas características del actual sistema de convenios tributarios favorecen la erosión de la base imponible y el traslado de beneficios.** La interrelación entre las legislaciones internas y el marco fiscal internacional es un pilar fundamental de apoyo al crecimiento de la economía mundial. Sin embargo, la globalización ha cambiado la forma de hacer negocios, por lo que ha aumentado de forma considerable las lagunas y discrepancias que siempre estuvieron presentes en los convenios tributarios internacionales. En ocasiones, se aprovechan las disposiciones de los convenios vigentes, a veces en conjunción con las legislaciones nacionales, para lograr que un volumen considerable de rentas no sean gravadas en ninguna jurisdicción. Por otra parte, los actuales convenios tributarios bilaterales difieren considerablemente en sus pormenores, incluso cuando esas diferencias no son necesarias para reflejar las particularidades de las relaciones económicas entre los Estados contratantes. Más bien, parece que algunas de estas diferencias en los pormenores se deben al hecho de que la negociación de los convenios se extendió mucho en el tiempo creando, en algunas circunstancias, situaciones que favorecen la erosión de la base imponible y el traslado de beneficios y que son aprovechadas por los contribuyentes.

4. **Es necesario un cambio para poner fin a las ocasiones en las que el actual sistema de convenios** tributarios **provoca situaciones de doble no imposición.** El Plan de Acción BEPS identifica el uso abusivo de convenios como una de las principales fuentes de problemas relacionados con la erosión de la base imponible y el traslado de beneficios. Expertos en materia de convenios tributarios, tanto de gobiernos que forman parte de la OCDE, así como de Estados que no son miembros, están de acuerdo en que es necesario introducir cambios tanto en los modelos de convenios tributarios como en los convenios fiscales bilaterales que se basan en ellos, a fin de frenar o reducir de forma considerable dichos abusos. Los principales negociadores de convenios fiscales, tanto de Países miembros de la OCDE como de los gobiernos del G-20, están planteando un amplio número de cuestiones específicas detectadas en los actuales modelos de convenios tributarios, entre los que se incluyen cambios en la definición de establecimiento permanente (EP) y mejoras en los procedimientos de resolución de controversias. Dichos expertos también han identificado la necesidad de introducir nuevas disposiciones en el modelo de convenio relativas a problemas concretos que, por lo general, no se abordaron en los convenios fiscales bilaterales, como la incorporación de cláusulas para prevenir el uso abusivo de convenios en relación con los mecanismos híbridos asimétricos y la compatibilidad, con los convenios fiscales, de determinadas medidas antielusivas. Se calcula que los trabajos estarán concluidos en 2015.

5. **El elevado número de convenios bilaterales hace que la actualización de la red de tratados, además de requerir una gran inversión de tiempo y dinero, limite la eficacia de los esfuerzos multilaterales emprendidos.** Tras acordar de forma multilateral la introducción de un cambio en los modelos de convenios tributarios, se necesita una gran cantidad de tiempo y recursos para transponerlo a la mayoría de los convenios fiscales bilaterales. De hecho, la renegociación de la red de convenios de un país se prolonga durante décadas, haciendo que la actual red de convenios no esté sincronizada con los modelos de convenios tributarios. Como los convenios vigentes van muchos años por detrás de los modelos en los que se basan, cualquier cambio de los modelos acordado en la esfera multilateral tarda mucho tiempo en materializarse.

6. **Por contra, urge aplicar dichos cambios, algo que aunque resulta difícil, se presenta al mismo tiempo como una oportunidad única.** El desarrollo del Plan de Acción BEPS ha sido rápido porque la necesidad política de abordar la erosión de la base imponible y el traslado de beneficios así lo requería. Se espera que se llegue también rápidamente a un acuerdo sobre el modo de resolver este problema. Sin embargo, los cambios de los modelos de convenios tributarios pactados de forma multilateral para luchar contra este problema no hacen más que ampliar la brecha entre el contenido de los modelos de convenios tributarios y el de los convenios fiscales vigentes. Por lo tanto, para luchar contra la erosión de la base imponible y el traslado de beneficios en un tiempo razonable, es fundamental contar con un mecanismo que facilite una aplicación más ágil. Ello presenta dificultades pero, al mismo tiempo, brinda una oportunidad única para modernizar la arquitectura de la red internacional de convenios tributarios.

7. **Un instrumento multilateral puede abordar los problemas relativos a la erosión de la base imponible y el traslado de beneficios derivados de los convenios sin perjuicio de la autonomía soberana en materia fiscal.** El concepto de autonomía soberana es un principio básico que sostiene el orden internacional y proporciona los fundamentos para la negociación de convenios internacionales. En materia fiscal, el concepto de soberanía sustenta un marco fiscal estable dentro del cual los gobiernos han podido alcanzar acuerdos que extendieron las ventajas de la globalización a todas las economías de mercado. Históricamente, los gobiernos se han servido de la legislación nacional y los convenios bilaterales para lograr el equilibrio adecuado entre la soberanía nacional y la cooperación internacional en este ámbito. Como

la erosión de la base imponible y el traslado de beneficios tienen su origen en la interacción entre las distintas legislaciones y los convenios de múltiples países, los gobiernos necesitan colaborar de forma más intensa mediante un instrumento multilateral vinculante que, por un lado, impida que la red de convenios fiscales facilite la erosión de la base imponible y el traslado de beneficios y, por otro, proteja su soberanía fiscal. Partiendo del interés de mantener la soberanía fiscal, el informe se centra en implementar las medidas en los convenios, a pesar de que un instrumento multilateral, en principio, también podría ser el medio para mostrar el compromiso de aplicar determinadas medidas legislativas internas.

8. **Un instrumento multilateral facilita la actuación rápida y la innovación.** Un instrumento multilateral implementaría, las medidas acordadas, vinculadas a los convenios, en un periodo de tiempo razonablemente corto y, al mismo tiempo, serviría para mantener la naturaleza bilateral de los convenios fiscales. Este método innovador presenta, al menos, tres ventajas importantes. La primera de ellas es que ayudaría a garantizar la precisión del instrumento multilateral para alcanzar sus objetivos. La segunda es que permitiría la modificación sincronizada de todos los convenios tributarios bilaterales vigentes con relación a los problemas que plantea la erosión de la base imponible y el traslado de beneficios, sin necesidad de abordar de forma individualizada cada uno de los más de tres mil convenios que integran la red. La tercera es que da una respuesta a las necesidades políticas que impulsan el Proyecto BEPS: permite reducir los abusos de las prácticas elusivas y ayuda a que los gobiernos logren rápidamente sus objetivos en materia de política fiscal internacional, sin caer en el riesgo de violar los convenios bilaterales vigentes como consecuencia de la adopción de medidas unilaterales y descoordinadas.

9. **Para superar los tradicionales obstáculos que presenta una rápida implantación de las medidas acordadas, vinculadas a los convenios fiscales, se requiere voluntad política para actuar.** La eficiencia y la innovación que ofrece un instrumento multilateral específico presentan ciertos desafíos. En primer lugar, los pormenores de los convenios bilaterales son muy distintos y existen pocos precedentes de modificación de convenios bilaterales por medio de un instrumento multilateral. Por tanto, es necesario prestar la debida atención a las dificultades técnicas. En segundo lugar, incluso cuando existan soluciones a los problemas técnicos, el equilibrio en relación con el respeto a los derechos soberanos, la garantía de coherencia y la aceptación política de una masa crítica de jurisdicciones, exige un fuerte impulso al más alto nivel político. Enfrentarse a estos desafíos no solo es necesario para luchar contra la erosión de la base imponible y el traslado de beneficios, sino también para fortalecer y garantizar la sostenibilidad futura del actual marco consensual conducente a la eliminación de la doble imposición. No obstante, con voluntad política es posible superar satisfactoriamente, de forma rápida y eficaz, los grandes desafíos derivados de los convenios. Los trabajos recientes referidos a la Convención sobre Asistencia Administrativa Mutua en Materia Fiscal (en lo sucesivo, «MAC»), llevados a cabo bajo la dirección del G-20 para cumplir la voluntad de sus líderes de luchar contra la evasión fiscal transnacional, representan un ejemplo del impacto que el liderazgo del G-20 puede ejercer en el ámbito tributario internacional.

10. **Este informe concluye que un instrumento multilateral es recomendable y viable, y que las negociaciones deberían dar comienzo con carácter inmediato**. Este informe aborda las cuestiones que plantea el uso de un instrumento multilateral específico para modificar los convenios tributarios y proporciona un análisis exhaustivo de las cuestiones técnicas (de derecho internacional, tanto público como tributario) y políticas que se plantean. El informe pone de relieve la viabilidad de un enfoque multilateral como medio para agilizar la implantación del Plan de Acción BEPS con el fin de responder al actual estado de urgencia, así como para mejorar la eficiencia. Asimismo, concluye afirmando la

idoneidad y viabilidad de un instrumento multilateral que debiera negociarse en el marco de una Conferencia Internacional abierta a los Países del G-20, a los miembros de la OCDE y a otros países interesados convocados bajo los auspicios de la OCDE y del G-20. El mandato de la Conferencia debería tener un ámbito limitado (la implementación del Plan de Acción BEPS) y un plazo determinado (no más de dos años). También se podría instar a la Conferencia a reflexionar y formular propuestas sobre las futuras etapas necesarias para lograr una aplicación racional de los cambios pactados que deben introducirse en los convenios tributarios vigentes.

Una historia de éxito reciente: la Convención sobre Asistencia Administrativa Mutua en Materia Fiscal

La Convención sobre Asistencia Administrativa Mutua en Materia Fiscal (en lo sucesivo, «la Convención») fue abierta a la firma de los Estados miembros del Consejo de Europa y de la OCDE en 1988, entró en vigor en 1995 y, en 2009, tan solo contaba con 14 signatarios. En la Cumbre celebrada en Londres, en abril de 2009, los líderes del G-20 hicieron un llamamiento a la OCDE para modernizar este instrumento a fin de adaptarlo a las normas internacionales contemporáneas sobre el intercambio de información y extenderlo a todos los países. Mediante la *Declaración sobre Fortalecimiento del Sistema Financiero del G-20,* señalaron que se habían *«comprometido a desarrollar propuestas, para finales de 2009, para que les resulte más fácil a los países en desarrollo asegurarse los beneficios de un nuevo entorno fiscal cooperativo»* (G-20, 2009). En 2009, se negoció un Protocolo a la Convención. Esta Convención enmendada se presentó en la reunión ministerial anual de la OCDE celebrada en mayo de 2010. La Convención enmendada y el Protocolo se abrieron a la firma de un amplio número de países el 1 de junio de 2011. A3 de julio de 2014, 66 países, entre ellos todos los Países del G-20, habían firmado la Convención enmendada y 14 jurisdicciones estaban incluidas por extensión territorial. La Convención —un único instrumento jurídico multilateral— realiza funciones que de otra forma habrían requerido la negociación de más de 1.800 nuevos acuerdos bilaterales. Mediante esta Convención, el G-20 emprendió de forma rápida y eficaz un cambio radical en la transparencia de los asuntos fiscales transfronterizos a nivel global.

1. Un instrumento multilateral es recomendable y viable

A. La elaboración de un instrumento multilateral es algo recomendable: ofrece numerosas ventajas y los inconvenientes que implica pueden afrontarse o evitarse

11. **Los cambios en el Modelo de Convenio Tributario de la OCDE tienen por objeto, en última instancia, introducir cambios en la red de convenios tributarios bilaterales, que constituyen un elemento esencial en la más amplia arquitectura fiscal internacional. Los líderes del** G-20 prestaron su apoyo al Plan de Acción BEPS y asumieron el compromiso de adoptar las medidas colectivas e individuales que fueran necesarias para contrarrestar el fenómeno de la erosión de la base imponible y el traslado de beneficios. Las 15 acciones resultantes del Plan de Acción BEPS abarcan tres ámbitos distintos: recomendaciones para que la legislación interna asuma las mejores prácticas y un modelo de normas internas, cambios en el Modelo de Convenio Tributario de la OCDE y en las directrices consensuadas para su aplicación, y otros informes. Existe consenso en que los problemas relativos a los convenios tributarios son un elemento clave de las preocupaciones derivadas de la erosión de la base imponible y el traslado de beneficios. La elaboración de un instrumento multilateral para abordar las prácticas elusivas que se aprovechan de los convenios exige, en primer lugar, que haya un consenso sobre el contenido de las medidas que deben implementarse en los convenios tributarios para dar una respuesta a este problema. Los grupos de trabajo están haciendo un progreso constante y fundamental para lograr este objetivo. De hecho, los primeros resultados se publican con este informe y se espera que en 2015 haya más.

12. **Una negociación multilateral puede ayudar a superar los obstáculos de las engorrosas negociaciones bilaterales y proporcionar una mayor eficiencia.** Teniendo en cuenta que las negociaciones de convenios bilaterales pueden durar décadas, un instrumento multilateral es el único camino para luchar de forma rápida y coordinada contra los problemas de la erosión de la base imponible y el traslado de beneficios derivados de los convenios. La actual red de convenios bilaterales es muy compleja. Cada convenio es un instrumento independiente desde un punto de vista jurídico, cuyas relaciones con otros convenios bilaterales no están definidas. Así, abogados, administraciones tributarias y tribunales gastan una gran cantidad de energía para interpretar cada uno de los convenios, en especial, cuando las diferencias entre los convenios son muy pequeñas. Este problema sería mucho mayor si se incluyeran diversas medidas antielusivas en miles de nuevos protocolos bilaterales a los convenios vigentes. En contraposición, el instrumento multilateral producirá unos resultados sincronizados que supondrán un ahorro de recursos y servirán para aclarar las normas de los convenios tributarios internacionales en materia de erosión de la base imponible y traslado de beneficios. Estas ventajas se suman a la razón obvia de que solo un instrumento multilateral puede superar las dificultades prácticas que se derivan de intentar modificar de forma rápida los más de 3 000 convenios bilaterales que integran la red.

13. **El instrumento multilateral puede proporcionar a los países en desarrollo la oportunidad de beneficiarse plenamente del Proyecto BEPS.** Los problemas prácticos

que encuentran los países en desarrollo, a la hora de luchar contra la erosión de la base imponible y el traslado de beneficios derivados de su red de convenios tributarios bilaterales, son aún mayores que para los países desarrollados. Los países en desarrollo tienen más dificultades que otros países para celebrar convenios que eviten la doble imposición y convencer a otros países para que (re)negocien los convenios tributarios y, además, su experiencia en la negociación de estos convenios es, a menudo, más limitada que la de los gobiernos de economías desarrolladas. Por consiguiente, un instrumento multilateral ofrece la mejor oportunidad para garantizar que los países en desarrollo se beneficien de los esfuerzos multilaterales emprendidos para abordar este problema. En una negociación multilateral, los gobiernos de países en desarrollo con una mentalidad similar pueden cooperar entre sí, poniendo en común su experiencia a fin de ser más eficientes en el proceso de negociación.

14. **Algunos problemas son mucho más fáciles de abordar de forma multilateral que mediante instrumentos bilaterales.** La arquitectura de los convenios bilaterales no fue pensada para abordar niveles elevados de movilidad de factores y cadenas globales de valor. Por ejemplo, la globalización aumenta de forma considerable la necesidad de resolver controversias fiscales entre varios países. Aunque las autoridades competentes de las administraciones tributarias han mostrado interés en la posibilidad de llevar a cabo un procedimiento amistoso multilateral (PROCAMIS)) para resolver controversias entre varios países, algunas jurisdicciones prevén algunos impedimentos legales en ausencia de instrumentos vinculantes que regulen el procedimiento de acuerdo mutuo multilateral. Otros países no creen que el procedimiento amistoso sea útil para resolver cuestiones que sus convenios tributarios bilaterales en vigor no abordan de forma expresa, por la falta de un instrumento internacional vinculante que les otorgue autoridad para hacerlo. Estos y otros obstáculos jurídicos que surgen a la hora de aplicar un procedimiento amistoso multilateral pueden abordarse fácilmente con un instrumento multilateral.

15. **Un instrumento multilateral puede aumentar la coherencia y ayuda a garantizar la constante fiabilidad de la red de convenios tributarios internacionales, al proporcionar una certidumbre adicional a las empresas.** A diferencia de lo que sucede con la enmienda de miles de convenios tributarios bilaterales, un instrumento multilateral específico para luchar contra la erosión de la base imponible y el traslado de beneficios tendría muchas más posibilidades de conseguir resultados sistemáticos. La naturaleza multilateral del instrumento centraría la atención de un gran número de negociadores de convenios altamente cualificados sobre un único documento que podría incorporar la redacción que fuera más apropiada a juicio de todos los países interesados. Además, al tener un único texto, en vez de miles similares pero con sutiles diferencias, habría más posibilidades de lograr una interpretación consistente entre las jurisdicciones. Así, se llegaría a una interpretación internacional común sobre el significado del contenido de las disposiciones del instrumento multilateral. Como el instrumento internacional aborda de forma definitiva una serie de cuestiones controvertidas que afectan a las normas tributarias internacionales, puede servir tanto para aclarar la situación en la que se encuentran varias normas de las que dependen las empresas a la hora de realizar inversiones a nivel transnacional, como así también para garantizar certidumbre en el futuro.

16. **La flexibilidad, el respeto por las relaciones bilaterales y un alcance bien definido son las claves del éxito.** Las ventajas de una rápida implementación, mayor coherencia, seguridad y eficiencia solo pueden alcanzarse mediante un absoluto respeto por las particularidades bilaterales y la soberanía fiscal, a fin de evitar que el proceso quede estancado o participen en él pocos países. Permitir a los países adaptar su compromiso en relación con el instrumento en casos previamente establecidos puede ayudar a evitar

estos problemas. Por otro lado, los países, para comprometerse a profundizar en la lucha contra la erosión de la base imponible y el traslado de beneficios, necesitarán garantías de que otros países están haciendo lo mismo de forma simultánea. Por tanto, las partes podrían comprometerse con un conjunto esencial de disposiciones que formarán parte de un instrumento multilateral, aunque después tengan la posibilidad de aceptar o no las disposiciones, o de elegir entre distintas disposiciones, que estén claramente definidas, relativas a otras cuestiones tratadas en el instrumento. De esta forma, las negociaciones deberían adaptarse a las particularidades bilaterales, fortalecer los objetivos de la política gubernamental y reafirmar la soberanía fiscal frente a la globalización.

17. **Al mismo tiempo, la igualdad de condiciones requerirá una amplia participación.** Algunas disposiciones del Proyecto BEPS vinculadas a los convenios exigen una amplia participación a fin de abordar de forma eficaz los problemas derivados de la erosión de la base imponible y el traslado de beneficios. Por consiguiente, para garantizar la igualdad de condiciones y un reparto justo de las cargas tributarias, deberá lograrse un equilibrio entre, por un lado, la flexibilidad y el respeto por las relaciones bilaterales y, por el otro, los compromisos centrales que reflejan los nuevos estándares internacionales que los países están llamados a asumir y para los que el instrumento multilateral será una herramienta de gran utilidad.

B. Elaborar un instrumento multilateral es viable: existen mecanismos jurídicos disponibles para lograr un instrumento equilibrado que aborde las dificultades técnicas y políticas

18. **Será necesario prestar mucha atención a los desafíos jurídicos de carácter técnico derivados de la modificación de la arquitectura de los convenios tributarios internacionales mediante un instrumento multilateral.** No obstante, si se analizan los precedentes en otras áreas de derecho internacional y las particularidades de diferentes cambios propuestos para los modelos de convenios tributarios se observa que es completamente viable, desde un punto de vista jurídico, utilizar un instrumento multilateral para implementar de forma rápida los cambios pactados.

19. **El instrumento multilateral coexistiría con la red de convenios tributarios bilaterales en vigor.** El método más idóneo para alcanzar el objetivo de tener un instrumento multilateral que modifique de forma coherente la variada arquitectura de más de 3 000 convenios fiscales en vigor implica la elaboración de un instrumento multilateral que coexistiría con los convenios tributarios bilaterales. Al igual que los convenios tributarios en vigor, este instrumento se regiría por el derecho internacional y sería jurídicamente vinculante para las partes. El instrumento multilateral modificará un número limitado de disposiciones comunes a la mayoría de los actuales convenios bilaterales e incluirá, en aquellos convenios que aún no cuenten con este tipo de disposiciones, nuevas estipulaciones específicamente diseñadas para contrarrestar la erosión de la base imponible y el traslado de beneficios. Además, podría esclarecer la compatibilidad con los convenios tributarios de otras medidas antielusivas elaboradas en el marco del Proyecto BEPS. El instrumento multilateral puede ir acompañado de un informe explicativo que facilite la aplicación de sus disposiciones.

20. **Este método garantizará una definición precisa de los objetivos del instrumento multilateral y una mayor eficiencia del mismo.** Se consideró que un instrumento multilateral que coexiste con convenios fiscales bilaterales es el método más adecuado porque es más eficiente y es más específico. Se valoraron otras opciones como (1) el uso de un «instrumento autónomo» que remplazara por completo a los convenios fiscales y regulase las relaciones entre todas las partes, con independencia de que hubiesen o no

hubiesen celebrado convenios fiscales entre ellas; y (2) un instrumento con el único objeto de funcionar como un conjunto de «protocolos de enmienda», que modificasen exactamente la diferente terminología de cada uno de los más de 3 000 convenios fiscales. Se entendió que un «instrumento autónomo» que remplazara por completo los convenios fiscales bilaterales era excesivo teniendo en cuenta la importancia de las relaciones bilaterales en materia fiscal internacional y la necesidad de preservar la soberanía fiscal. A su vez, se consideró que un conjunto de «protocolos de enmienda» resultaba un mecanismo menos atractivo que un instrumento multilateral coexistente por su complejidad técnica y menor eficiencia, de modo que resultaría más engorroso y lento a la hora de cumplir la finalidad fundamental del instrumento multilateral, que consiste en dar rápida respuesta a través de los convenios a los problemas de erosión de la base imponible y traslado de beneficios.

21. **Un instrumento multilateral seguiría los procedimientos de negociación establecidos y su ratificación se produciría según los procedimientos internos habituales con arreglo a la legislación nacional.** La finalidad de este instrumento multilateral sería garantizar una aplicación eficaz y eficiente de los resultados del Proyecto BEPS que guardan relación con la aplicación de los convenios fiscales. Una vez se hubieran considerado todas las implicaciones de esta innovadora solución, se negociaría el contenido y el propio texto del instrumento multilateral en el marco de una Conferencia Internacional, para después someterlo a los procedimientos de ratificación habituales de cada parte. Por tanto, este instrumento multilateral seguiría procedimientos de negociación tradicionales y su ratificación se produciría con arreglo a la legislación nacional.

22. **En general, la relación entre las partes de un instrumento multilateral que no hayan celebrado entre sí un convenio fiscal bilateral no se vería afectada.** Se puede dar el caso de que haya partes de un instrumento multilateral que aún no hayan celebrado ningún convenio fiscal bilateral entre sí. Como norma, el instrumento multilateral tan solo regiría las relaciones entre las partes que ya hubiesen firmado convenios fiscales bilaterales entre ellas. Una excepción a esta regla general podría darse en relación con un mecanismo de resolución de controversias multilateral que se aplicase a todas las partes del instrumento multilateral, incluidas aquellas que carecieran de convenios bilaterales entre sí[1]. Un tema aparte que los negociadores deben considerar en la Conferencia Internacional es si este instrumento multilateral podría imponer alguna obligación a las partes que lo ratifican cuando dos Estados firman un convenio fiscal bilateral que regule las mismas cuestiones por primera vez después de la firma del instrumento multilateral. Desde un punto de vista jurídico, se podrían prever disposiciones aplicables a estas situaciones, por lo que será necesario adoptar una decisión política al respecto.

23. **Es posible resolver los desafíos técnicos derivados de la interacción entre un instrumento multilateral y convenios fiscales bilaterales.**

- **Se pueden resolver satisfactoriamente las diferencias de alcance que presentan disposiciones similares de los convenios bilaterales vigentes.** Los eventuales resultados vinculados a los convenios derivados del Proyecto BEPS tendrán en cuenta las mejores prácticas vigentes en materia de negociación de convenios fiscales y, por consiguiente, las disposiciones del instrumento multilateral podrían, en cierta medida, solaparse con determinadas disposiciones de algunos convenios fiscales bilaterales. Podrían derivarse conflictos potenciales como consecuencia de la interacción entre las nuevas disposiciones multilaterales aprobadas y las disposiciones similares de algunos convenios fiscales vigentes que regulasen total o parcialmente la misma materia. Estos casos plantean cuestiones tales como si las disposiciones bilaterales vigentes de los convenios fiscales deberían seguir aplicándose total o parcialmente junto con las disposiciones multilaterales diseñadas para tratar las mismas cuestiones básicas y, en caso afirmativo, en qué circunstancias y con qué alcance. Desde un punto de vista jurídico, la convivencia entre disposiciones adoptadas multilateralmente y disposiciones similares de convenios fiscales bilaterales vigentes podría resolverse mediante la inclusión de cláusulas específicas de «compatibilidad» (o cláusulas de «primacía») en el instrumento multilateral.

- **Se pueden abordar las diferencias de redacción de las disposiciones similares de los convenios bilaterales vigentes sustituyendo la terminología de un instrumento multilateral.** La introducción mediante un instrumento multilateral de cambios pactados multilateralmente puede plantear problemas técnicos derivados de las diferencias de redacción entre los convenios fiscales bilaterales en vigor. Si esto supone un problema real dependerá, en gran parte, del grado en que cada resultado del Proyecto BEPS aplicable a los convenios sea una medida independiente que complemente fácilmente los convenios vigentes o si depende mucho de conceptos existentes que ya hayan sido definidos en modelos de convenios tributarios. Si un determinado resultado del Proyecto BEPS se basa en un concepto existente, que no aparece o que tiene otro significado en algún convenio bilateral, el instrumento multilateral no servirá para adoptar un uso uniforme del concepto del Modelo de Convenio Tributario. Sin embargo, los negociadores del instrumento multilateral pueden abordar este problema asegurándose de que el instrumento defina sus propios términos cuando sea necesario y lo haga de forma compatible con los distintos convenios bilaterales vigentes. De forma análoga, definir la disposición de convenios bilaterales vigentes a la que se dirige el instrumento multilateral mediante una descripción general y no mediante referencias textuales concretas puede garantizar que las pequeñas diferencias en la redacción de las disposiciones de los convenios fiscales en vigor no representen un obstáculo para la eficacia y aplicación uniformes de las disposiciones pactadas en el instrumento multilateral. El informe explicativo de este instrumento multilateral puede proporcionar ejemplos y garantizar además una comprensión coherente de la interacción entre el instrumento multilateral y los convenios fiscales bilaterales vigentes.

- **Para abordar las diferencias en la numeración de las disposiciones basta con una redacción cuidadosa.** Las medidas elaboradas durante el Proyecto BEPS, y acordadas multilateralmente, probablemente utilizarán las referencias numéricas de las disposiciones vigentes de los modelos de convenio, como una forma sencilla de dar precisión técnica a las propuestas para luchar contra la erosión de la base imponible y el traslado de beneficios vinculados a los convenios. Sin embargo, las referencias numéricas en la mayoría de los convenios no coinciden exactamente con la numeración de los modelos de convenio. En consecuencia, las referencias a artículos del modelo de convenio bilateral no pueden transponerse directamente en el instrumento multilateral. En principio, este posible problema puede resolverse mediante un instrumento multilateral que evite las referencias numéricas explícitas a artículos de los modelos de convenios tributarios o a artículos concretos de convenios bilaterales en vigor y que, en su lugar, contenga referencias claras a la materia pertinente de los convenios bilaterales con la terminología adecuada. Los problemas prácticos que se desprenden de este método probablemente sean identificados y resueltos a lo largo de la negociación del instrumento multilateral.

- **El calendario para la firma y entrada en vigor puede valorarse con flexibilidad.** En particular, las distintas disposiciones del instrumento podrían tener diferentes fechas de entrada en vigor para las partes (por ejemplo, algunas disposiciones podrían entrar en vigor al comienzo de un nuevo año fiscal, mientras que otras podrían hacerlo en la fecha de ratificación). Asimismo, podrían incorporarse al instrumento multilateral mecanismos y procedimientos más rápidos a fin de garantizar que en el futuro haya procedimientos acelerados de modificación. Estos mecanismos serían compatibles con los procedimientos de negociación tradicionales, y la ratificación requeriría seguir los procedimientos normales de ratificación interna.

- **Otros problemas técnicos, como las cuestiones relativas al idioma y la traducción, son fácilmente solucionables.** Pueden surgir problemas derivados del idioma con relación a la modificación de convenios fiscales bilaterales autenticados en idiomas distintos al idioma o idiomas en los que se haya autenticado el instrumento multilateral. Redactar el instrumento multilateral en varios idiomas aumentaría sus costes, así como el riesgo de discrepancia entre las diferentes versiones y dificultades en su administración. Esta cuestión ya se ha planteado en otros ámbitos del derecho internacional y hay precedentes que respaldan varias soluciones posibles.

24. **En general, será fundamental la adopción de un enfoque flexible para el instrumento multilateral.** Como muestra la red de convenios tributarios bilaterales vigente, las partes del instrumento multilateral pueden tener políticas **fiscales** distintas entre sí, de forma tal que no sea posible armonizarlas todas. Las partes pueden no estar dispuestas a asumir los mismos compromisos concretos frente a todas las demás partes. Por lo tanto, una de las principales dificultades para los negociadores de un instrumento multilateral consistirá en garantizar la flexibilidad en relación con el alcance de los derechos y obligaciones establecidos por el tratado frente a todas las restantes partes del convenio, así como el grado de compromiso frente a determinadas partes, a la vez que se mantiene la coherencia, necesaria para crear igualdad de condiciones y transparencia, y logar por tanto que haya certidumbre.

25. **Existe una amplia gama de instrumentos jurídicos que proporcionan flexibilidad para modular, dentro de los límites fijados, los compromisos de las partes.** Un instrumento multilateral puede permitir que se adapte en algunos casos el grado de compromiso frente a todas las partes restantes o en función de la contraparte. Existe una serie de herramientas que garantizan flexibilidad y un número importante de precedentes al respecto. Así, habría que admitir que algunas disposiciones pueden requerir que las partes del instrumento multilateral las adopten de forma homogénea por cuestiones administrativas técnicas.

26. **Deben analizarse con cuidado las relaciones con otros instrumentos multilaterales.** Cuando se terminen los trabajos relativos a las medidas específicas, será necesario abordar las cuestiones relativas a las relaciones del instrumento multilateral con la legislación de la Unión Europea (UE) y con otros acuerdos multilaterales pertinentes, como, por ejemplo, convenios fiscales regionales como el convenio fiscal nórdico.

27. **La negociación de un instrumento multilateral debe ser rápida a fin de evitar la incertidumbre.** Es muy importante acordar y poner en marcha las medidas antielusivas de forma rápida para que las empresas puedan adaptarse a la nueva realidad y sigan fomentando el crecimiento, creando empleos e impulsando la innovación. Al mismo tiempo, merece la pena señalar que la incorporación de algunas cuestiones en un instrumento multilateral podría, en principio, reducir la capacidad para luchar contra la erosión de la base imponible y el traslado de beneficios, al aumentar el tiempo que las partes necesitan para dar respuesta a los demás aspectos del plan BEPS. En este contexto, es esencial que haya un instrumento multilateral específico con un alcance bien definido y un calendario de negociación preciso.

28. **El Proyecto BEPS tiene por objeto lograr una serie de principios compartidos que refuercen la claridad y la predictibilidad del tratamiento fiscal que reciben las actividades transfronterizas.** Una vez que los convenios fiscales bilaterales hayan sido modificados mediante un instrumento multilateral, será fundamental garantizar la claridad, de modo que la interacción entre el instrumento multilateral y los convenios fiscales bilaterales esté claramente definida. Uno de los problemas que plantea la elaboración de un instrumento multilateral flexible consiste en garantizar que se desarrollen y pongan en marcha mecanismos y procedimientos para lograr una transparencia total. Desde un punto de vista jurídico, existe una serie de mecanismos, como la publicación de versiones de los convenios fiscales bilaterales que también incluyan las disposiciones pertinentes del instrumento multilateral, un sistema de notificaciones efectuadas por las contrapartes respecto de las inclusiones o exclusiones permitidas, etc.

29. **En el anexo a este informe se describen de forma detallada los mecanismos para resolver los problemas técnicos que puedan surgir del uso de un instrumento multilateral y los precedentes correspondientes que existen en otros ámbitos del derecho internacional.** En septiembre de 2013, se reunió un grupo informal de eminentes expertos en derecho internacional público y tributario para llevar a cabo, junto con la Secretaría de la OCDE, un análisis de los problemas derivados de la elaboración de un instrumento multilateral. La Secretaría elaboró un anexo técnico a este informe denominado *Herramientas para desarrollar un instrumento multilateral con el fin de lograr una rápida implementación de las medidas concebidas en el marco del Proyecto BEPS,* basado en las aportaciones realizadas por estos expertos. Este anexo proporciona soluciones ilustrativas a problemas potenciales que se encuentran en los intersticios del derecho tributario internacional y el derecho internacional público y a la forma de solventarlos mediante un instrumento multilateral.

Nota

1. Ante la falta de relaciones convencionales bilaterales entre todas las partes, algunos Gobiernos consideran que un procedimiento amistoso multilateral (PROCAMIS) o un acuerdo anticipado de fijación de precios (APA) solo sería posible si el propio instrumento multilateral contuviera una disposición específica sobre el procedimiento amistoso multilateral, así como una disposición sobre intercambio de información que permitiera el intercambio de información sobre contribuyentes entre todas las partes (suponiendo que no haya ningún otro fundamento para el intercambio de información entre las partes, como el procedimiento amistoso o un acuerdo bilateral para el intercambio de información tributaria).

2. La naturaleza de las medidas aplicables a los convenios fiscales concebidas en el marco del proyecto BEPS facilitará la elaboración de un instrumento multilateral específico, que en un futuro podría ser ampliado

30. **El instrumento multilateral ofrece un enfoque innovador para afrontar la naturaleza rápidamente evolutiva de la economía mundial y la necesidad de adaptar de forma ágil las normas internacionales a la misma.** Las modificaciones en el Modelo de Convenio Tributario de la OCDE están pensadas para introducir cambios en la red de convenios fiscales bilaterales, que es un elemento esencial de una más amplia arquitectura fiscal internacional. Este es el caso, por ejemplo, de la disposición introducida para evitar el uso abusivo de los convenios, los cambios en la definición de establecimiento permanente, las mejoras en los procedimientos de resolución de controversias y la introducción de disposiciones en los convenios sobre mecanismos híbridos asimétricos. Además, se pueden incluir disposiciones que esclarezcan la relación entre los convenios para evitar la doble imposición y medidas especiales dirigidas a contrarrestar los abusos. Como ya se ha señalado, el principal objetivo del instrumento multilateral sería modificar los convenios fiscales bilaterales vigentes, de una forma sincronizada y eficiente, para implantar las medidas aplicables a los convenios desarrolladas durante el Proyecto BEPS, sin necesidad de renegociar de forma individual cada uno de los más de 3 000 convenios que forman la red de convenios.

31. **Algunas de las medidas desarrolladas en el marco del Proyecto BEPS tienen naturaleza multilateral.** Algunos de los resultados del Proyecto BEPS que se refieren a los convenios pueden formularse como medidas autónomas que complementen los convenios fiscales bilaterales y coexistan con ellos. Estas disposiciones pueden aplicarse de forma directa sin necesidad de tener en cuenta particularidades bilaterales. De hecho, algunas disposiciones serían mucho más eficaces si se aplicasen a través de un instrumento multilateral. Los siguientes párrafos señalan algunas disposiciones potenciales de naturaleza multilateral que podrían introducirse mediante un instrumento multilateral.

- **Procedimiento amistoso (PROCAMIS) multilateral:** como se ha señalado en el apartado 1 de este informe, desarrollar un verdadero procedimiento amistoso multilateral es ventajoso si el objetivo es resolver controversias surgidas entre varios países. Esta disposición permitiría realizar una reunión dentro del MAP con las autoridades competentes de todas las partes de un instrumento multilateral involucradas en un caso relativo a un contribuyente activo en varias jurisdicciones. Para proporcionar seguridad y resolver las controversias en el entorno surgido tras el Proyecto BEPS, esta disposición contemplaría además el arbitraje para el caso de que las autoridades competentes no fueran capaces de resolver la controversia mediante el procedimiento amistoso.
- **Luchar contra las estructuras de doble residencia:** aunque la doble residencia de las empresas es un caso relativamente poco frecuente, un número cada vez mayor de estrategias de erosión de la base imposible y traslado de beneficios implican a sociedades con doble residencia. Dado el riesgo de abuso derivado del uso de estas

estructuras, los países pueden decidir que es mejor hacer frente a las situaciones de doble residencia caso por caso a fin de desalentar la planificación fiscal agresiva que facilita la erosión de la base imponible y el traslado de beneficios. Sin embargo, esta sencilla medida contra el abuso sería más eficiente si se adoptase de forma sistemática a través de la red de convenios tributarios bilaterales vigente.

- **Combatir las entidades transparentes en el contexto de los mecanismos híbridos asimétricos:** los mecanismos híbridos asimétricos a menudo llevan a situaciones de «doble no imposición» o diferimientos a largo plazo no deseados por ninguno de los países. Es difícil determinar de forma inequívoca qué país ha perdido ingresos fiscales como consecuencia de estos mecanismos, pero a menudo tienen un efecto negativo sobre los ingresos fiscales y debilitan la transparencia y la justicia. Para abordar los mecanismos híbridos asimétricos de forma integral es necesario introducir cambios en las legislaciones nacionales. Sin embargo, una modificación sistemática de los convenios fiscales vigentes facilitaría dar una respuesta normativa coherente que también evite la doble imposición —tanto en el ámbito interno como en el internacional— de modo que la posibilidad de que se apliquen los beneficios de un convenio fiscal, a los pagos efectuados a entidades en otra jurisdicción, se determina en función de que el pago se considere una renta de un residente a efectos fiscales, de acuerdo con la legislación tributaria de la jurisdicción de residencia del pagador.
- **Hacer frente a los casos «triangulares» en los que participan establecimientos permanentes en terceros Estados:** los llamados casos «triangulares» pueden producirse cuando la renta de un residente en un Estado contratante del convenio fiscal es atribuida, por el país de residencia, a un establecimiento permanente situado en un tercer Estado y goza de una exención fiscal en el Estado de residencia y, con frecuencia, de una imposición reducida en el Estado del establecimiento permanente. Los convenios bilaterales pueden proporcionar normas para abordar de forma parcial estas situaciones, aunque para afrontar de forma integral el problema es necesario que todos los convenios fiscales de un país incorporen una solución. De este modo, un instrumento multilateral sería la medida más eficiente.
- **Luchar contra el uso abusivo de convenios:** existen varios mecanismos por medio de los cuales una persona que no es residente en un Estado contratante del convenio puede obtener de forma indebida los beneficios fiscales que un convenio fiscal bilateral reconoce, en condiciones de reciprocidad, a quienes los soliciten debidamente. Un instrumento multilateral podría incluir métodos para prevenir que se concedieran, cuando no proceda, los beneficios de un convenio.

32. **Algunas disposiciones de convenios fiscales que pueden dar lugar a problemas de erosión de la base imponible y traslado de beneficios tienen naturaleza bilateral y se les puede dotar de cierta flexibilidad.** *Puede que a*lgunos resultados del Proyecto BEPS aplicables a los convenios tengan que reflejar las particularidades de las relaciones económicas o de los convenios fiscales bilaterales en vigor entre las contrapartes. Por ejemplo, puede que una disposición acordada de forma multilateral que introduce cambios en la definición de establecimiento permanente tenga que ofrecer cierta flexibilidad para adaptar el grado de compromiso frente a todas las partes restantes o en función del país socio. Al mismo tiempo, la flexibilidad debe tener ciertos límites para asegurar la coherencia y la viabilidad desde el punto de vista administrativo. Normalmente, será necesario establecer un conjunto de disposiciones fundamentales a las que deban adherirse todas las partes del instrumento multilateral con el fin de garantizar un enfoque sistemático y con coherencia interna para abordar los problemas relacionados con la erosión de la base imponible y el traslado de beneficios derivados de los convenios.

33. **Aún no se ha definido el contenido exacto del instrumento multilateral pero se conoce con claridad la dirección que este debe tomar.** Los gobiernos de la OCDE y del G-20 están trabajando intensamente para lograr un acuerdo sobre las medidas sustanciales que deben contener los convenios para luchar contra la erosión de la base imponible y el traslado de beneficios. Aunque no se espera tener los resultados finales en todos los ámbitos hasta 2015, los debates apuntan hacia la necesidad de introducir cambios esenciales en los modelos de convenios y el consecuente deseo de implantarlos sin demora en los convenios fiscales bilaterales. De hecho, otros informes que se pusieron a disposición del G-20 junto con este informe, también contienen recomendaciones sustanciales para cambiar varios temas relativos a los convenios. El instrumento multilateral también puede facilitar la coordinación con respecto a una amplia gama de problemas referentes a la erosión de la base imponible y el traslado de beneficios. Por ejemplo, se puede facilitar la implementación de los trabajos sobre el informe desglosado país por país gracias al instrumento multilateral que también incluye normas sobre la confidencialidad de la información recabada por las administraciones tributarias. De forma análoga, los problemas relacionados tanto con la doble imposición como con la doble no imposición, asociados a la atribución de gastos, tienen un especial interés en lo relativo a ||los gastos en concepto de intereses. Mediante el instrumento multilateral, se podría aplicar un acuerdo multilateral sobre atribución de gastos por intereses. Además, también es posible desarrollar nuevos mecanismos de resolución de controversias que puedan garantizar también que la doble imposición no es consecuencia de respuestas descoordinadas y unilaterales al fenómeno BEPS.

34. **Un instrumento multilateral para implementar los resultados del Proyecto BEPS es una solución efectiva e innovadora.** Este estudio de viabilidad concluye que a pesar de los problemas potenciales que se presentan, un instrumento multilateral es una manera prometedora de lograr una implementación rápida de las medidas concebidas en el marco del Proyecto BEPS relacionadas con los convenios. El G-20 solicitó que se preparara este estudio de viabilidad de forma paralela al desarrollo de medidas reales para contrarrestar los problemas relativos a la erosión de la base imponible y el traslado de beneficios, a fin de sentar las bases de dicha implementación de la forma más eficiente posible. La continuación de este proceso requeriría convocar una Conferencia Internacional para implementar las medidas concebidas en el marco del Proyecto BEPS aplicables a los convenios. Debería limitarse el plazo y el alcance del mandato de la Conferencia (la implementación del Plan de acción BEPS).

35. **Un instrumento multilateral debe concebirse de forma dinámica.** Muchos países reconocen la necesidad de actualizar sus normas tributarias internacionales para reflejar las nuevas circunstancias de los negocios internacionales, y los convenios fiscales son una parte importante de dicho proceso. Al reconocer que los trabajos iniciales se centran en las medidas de los convenios relativas a la erosión de la base imponible y al traslado de beneficios, también es conveniente reflexionar sobre posibles medidas futuras para seguir racionalizando la implementación de los cambios que deben introducirse en la arquitectura de los convenios fiscales internacionales mediante este mismo mecanismo. Por ejemplo, se podrían implementar de forma multilateral otras actualizaciones de los modelos de convenios tributarios. Por otra parte, cualquier decisión de abordar multilateralmente un amplio número de problemas tributarios de carácter internacional supondría un paso más importante hacia el multilateralismo en cuestiones tributarias que los actuales trabajos dirigidos a usar un instrumento multilateral para abordar los problemas de los convenios fiscales relativos a la erosión de la base imponible y el traslado de beneficios. Por el momento, es necesario mantener el instrumento multilateral muy focalizado y emprender a la vez una reflexión sobre otras oportunidades que puedan ir surgiendo.

3. Próximo paso: determinar el alcance de la conferencia internacional

36. **Deben completarse las actuaciones en materia de BEPS aplicables a los convenios antes de poder concretar los elementos fundamentales del instrumento multilateral.** Para desarrollar un instrumento multilateral son necesarias disposiciones marco relativas a su entrada en vigor, idioma, etc. y, lo más importante, un acuerdo sobre el contenido de las medidas aplicables a los convenios fiscales necesarias para reaccionar ante la erosión de la base imponible y el traslado de beneficios. El Proyecto BEPS de la OCDE y del G-20 está avanzando con firmeza hacia el desarrollo de estas medidas. Algunos de sus resultados aplicables a los convenios estarán listos en septiembre de 2014, mientras que otros lo estarán en 2015. La planificación de la Conferencia Internacional para negociar un instrumento multilateral que implemente las medidas pactadas aplicables a los convenios tendrá en cuenta este calendario.

37. **Este informe recomienda convocar una Conferencia Internacional para elaborar en 2015 el instrumento multilateral.** De acuerdo con la práctica habitual de elaboración de convenios, debería convocarse una Conferencia Internacional para desarrollar el instrumento multilateral. La Conferencia Internacional debería estar abierta a todos los países interesados, bajo los auspicios de la OCDE y del G-20. Para mantener el impulso, los trabajos relativos a las disposiciones marco del instrumento multilateral deberían comenzar en 2015. Una vez concluidos en el contexto del Proyecto BEPS, las recomendaciones relativas a las medidas antielusivas aplicables a los convenios podrán tratarse en la Conferencia Internacional e incluirse en el instrumento multilateral. Además de llevar a cabo la incorporación de estas medidas, la Conferencia Internacional debería reflexionar sobre si en el futuro podrían utilizarse más protocolos o instrumentos multilaterales similares para fomentar un entorno fiscal internacional más eficiente.

38. **Sobre esta base, se recomienda que, de aprobarse la presente propuesta, debe formularse de forma inmediata un mandato para que la Conferencia Internacional se reúna a principios de 2015 para iniciar sus trabajos.**

Anexo A

Herramientas para desarrollar un instrumento multilateral con el fin de lograr una rápida implantación de las medidas concebidas en el marco del proyecto BEPS

Resumen ejecutivo

1. Este anexo ofrece un conjunto de opciones teóricas que podrían utilizarse, de la forma que resulte adecuada, en el desarrollo de un instrumento multilateral con el fin de lograr una rápida implementación de las medidas contra la erosión de la base imponible y el traslado de beneficios (BEPS, por sus siglas en inglés). Las opciones presentadas se apoyan en un análisis de la doctrina y los precedentes en el ámbito del derecho internacional público, que se inspira en los trabajos de un grupo informal de expertos en instrumentos multilaterales, grupo integrado por expertos en derecho internacional público y en fiscalidad internacional impulsado por el Comité de Asuntos Fiscales (CAF) para que preste asesoramiento sobre la viabilidad de un instrumento multilateral. El anexo se estructura en torno a tres conclusiones básicas: un instrumento multilateral puede: 1) aplicar las medidas concebidas en el marco del Proyecto BEPS y modificar la actual red de convenios tributarios bilaterales; 2) proporcionar la flexibilidad necesaria en relación al grado de compromiso con el mismo; 3) garantizar transparencia y claridad a todas las partes interesadas.

2. (1) El objetivo del instrumento multilateral sería la implementación de medidas dirigidas a luchar contra la erosión de la base imponible y el traslado de beneficios, que modificarían determinadas disposiciones de la actual red de convenios tributarios bilaterales. Estos se mantendrían en vigor para todas las cuestiones no relacionadas con BEPS. Sería preferible, por razones de eficiencia y transparencia, delimitar estas relaciones mediante la inclusión de cláusulas de compatibilidad en el instrumento multilateral. Existen varias opciones para garantizar la coherencia en la interpretación y aplicación del instrumento multilateral. Además, se ofrecen soluciones relativas a la fecha de entrada en vigor de las diferentes disposiciones y a problemas logísticos, como los diferentes idiomas empleados para autenticar el instrumento multilateral y los convenios tributarios bilaterales.

3. (2) En cada caso, el instrumento multilateral puede ofrecer a las partes flexibilidad en función de su grado de compromiso con el mismo, dentro de unos ciertos límites definidos a fin de avanzar hacia unas condiciones de igualdad. La flexibilidad delimitada en cuanto al grado de compromiso que las partes asumen frente a todas las demás o frente a algunas otras partes puede alcanzarse mediante el uso de mecanismos de exclusión que permitan a las partes eliminar o modificar los efectos jurídicos de determinadas disposiciones; una elección entre disposiciones alternativas y definidas con claridad; y mecanismos facultativos que ofrezcan a las partes la posibilidad de asumir compromisos adicionales. El grado de compromiso de las partes también puede modularse mediante los términos en

que esté redactado el instrumento multilateral (más, o menos estrictos para permitir una mayor ambigüedad) y los tipos de obligaciones (de resultados o de medios).

4. (3) En función de la complejidad de la red de convenios tributarios bilaterales y la cantidad de partes interesadas (administraciones tributarias, contribuyentes, terceros), es fundamental que el instrumento multilateral garantice la transparencia y claridad de los compromisos asumidos por las partes. Existen mecanismos para garantizar una información que esté a disposición del público y sea clara en lo que se refiere, por un lado, a la interacción entre el instrumento multilateral y los convenios tributarios bilaterales y, por otro, al uso de los mecanismos de flexibilidad establecidos en el instrumento multilateral.

5. El anexo concluye que es viable elaborar un instrumento multilateral para aplicar las medidas desarrolladas en el marco del Proyecto BEPS y que éste sería el medio más eficiente para modificar la actual red de convenios tributarios bilaterales. Un instrumento multilateral proporciona un conjunto de herramientas amplio y adaptable: una vez pactadas las principales medidas, están disponibles todos los mecanismos necesarios para convertirlas en compromisos multilaterales. Al igual que con el desarrollo de cualquier nuevo instrumento, surgen problemas técnicos, que pueden resolverse mediante soluciones que ya han funcionado basadas en el derecho y la práctica de los tratados. Los expertos en fiscalidad internacional y en derecho internacional público tendrán que continuar trabajando de manera conjunta a medida que el proyecto avance.

Introducción

6. La Acción 15 del Plan de acción BEPS requiere que se analicen los problemas de derecho internacional público y tributario que plantea el desarrollo de un instrumento multilateral, a fin de permitir a las partes interesadas implementar las medidas desarrolladas en el marco del Proyecto BEPS y modificar los convenios tributarios bilaterales. La Acción 15 hace referencia a un «instrumento multilateral», esto es, un convenio celebrado entre más de dos partes. Según la Convención de Viena sobre el Derecho de los Tratados (CVDT), se entiende por «tratado»:

> *«(...) un acuerdo internacional celebrado por escrito entre Estados y regido por el derecho internacional, ya conste en un instrumento único o en dos o más instrumentos conexos y cualquiera que sea su denominación particular»*[1].

7. El anexo al informe de la Acción 15 se basa en los trabajos de un grupo informal de expertos en materia de instrumentos multilaterales[2] impulsado por el CAF para prestare asesoramiento sobre la viabilidad de un instrumento multilateral que sirva para aplicar las medidas concebidas en el marco del Proyecto BEPS. El grupo estaba integrado por trece expertos en derecho internacional público o fiscalidad internacional de países cuyos sistemas se basan tanto en el derecho civil como en el derecho común.

8. Es importante destacar que el anexo ha sido elaborado mientras se estaba debatiendo sobre el contenido de las posibles medidas antielusivas y que los expertos no han participado en estos debates intergubernamentales.

9. Por tanto, este anexo ofrece un conjunto de opciones teóricas que podrían utilizarse, de la forma que resultase adecuada, en el desarrollo de un instrumento multilateral. Las opciones presentadas se basan exclusivamente en el análisis de la doctrina y los antecedentes existentes en el campo del derecho internacional público y no deberían considerarse en ningún caso como propuestas concretas para el futuro instrumento multilateral que aborde la erosión de la base imponible y el traslado de beneficios.

10. Los ejemplos incluidos en el anexo ofrecen de forma deliberada una gran variedad de opciones para que los redactores del futuro instrumento multilateral puedan elegir las soluciones que más se adecuen a sus fines. Como sucede con cualquier conjunto de herramientas, no se pueden utilizar todas ellas al mismo tiempo. Además, los ejemplos provienen inevitablemente de una amplia gama de áreas temáticas, por lo que deben adaptarse a las particularidades del ámbito tributario.

11. Este anexo se estructura alrededor de tres problemas básicos que los trabajos relativos al instrumento multilateral deben abordar: 1) cómo modificar la actual red de convenios fiscales bilaterales; 2) las posibilidades de ofrecer la flexibilidad necesaria en cuanto al grado de compromiso de los Estados, a fin de permitir la coordinación efectiva para luchar contra la erosión de la base imponible y el traslado de beneficios, sin perjuicio de la soberanía fiscal estatal; 3) cómo garantizar transparencia y claridad a todas las partes interesadas. Como se indica a continuación, el instrumento multilateral cuenta con varias opciones para lograr cada uno de estos objetivos, basados en el Derecho de los tratados y en los antecedentes existentes en varios ámbitos del derecho internacional.

A.1. Un instrumento multilateral puede modificar la red de convenios fiscales bilaterales[3]

12. El objetivo principal del instrumento multilateral consistiría en aplicar las medidas pactadas para luchar contra la erosión de la base imponible y el traslado de beneficios mediante la modificación de la actual red de convenios tributarios bilaterales. Ante todo, es preciso señalar que el derecho internacional público admite varias posibilidades a la hora de modificar los convenios, siempre que se respeten, por un lado, el principio de soberanía y, por otro, el consentimiento del Estado. De este modo, si las partes están de acuerdo, un convenio se puede modificar de varias formas, entre ellas, mediante la adopción de un acuerdo multilateral posterior, que es la opción aquí planteada.

A.1.1. Terminología: el término «modificación» es más adecuado que «enmienda»

13. El objetivo subyacente del Proyecto BEPS reside en la elaboración y aplicación de nuevas normas para luchar contra la erosión de la base imponible y el traslado de beneficios que sean comunes a todas las partes interesadas. El instrumento multilateral no necesita suprimir la red ya existente de convenios fiscales bilaterales para lograr este objetivo, por lo que no lo haría. En su lugar, tendría como objetivo lograr una aplicación integrada y simultánea de las disposiciones del instrumento multilateral y de los convenios bilaterales en la medida en que aborden este problema. Los convenios bilaterales no solo se mantendrán en vigor sino que seguirán desempeñando un papel fundamental en la definición de las relaciones específicas de los países que son parte de cada convenio bilateral en el ámbito de la cooperación en materia tributaria.

14. Al amparo del derecho internacional, el principio fundamental es que el convenio posterior prevalece sobre un convenio anterior que regule la misma materia. Por lo tanto, no es necesario realizar una enmienda formal dado que un nuevo instrumento multilateral serviría para modificar las disposiciones que regulan la misma materia en todos los convenios bilaterales anteriores. De hecho, se han dado una serie de situaciones en las que los Estados han adoptado convenios multilaterales para introducir reglas y normas internacionales comunes y, de esa forma, armonizar la red de convenios bilaterales como ha sucedido, por ejemplo, en materia de extradición.

15. Por consiguiente, el término «modificación» se adapta mejor a este proyecto que el término «enmienda». No existe una necesidad formal de «enmendar» cada uno de los convenios fiscales bilaterales vigentes, pues se trata más bien de que estos convenios queden «modificados» de forma automática en virtud del instrumento multilateral.

A.1.2. Relación entre el instrumento multilateral y los convenios fiscales bilaterales

16. En el caso que nos ocupa, se prevé que se modifiquen solo algunas disposiciones concretas de los convenios fiscales bilaterales, que serán sustituidas por el instrumento multilateral. Por lo tanto, las materias no tratadas por el instrumento multilateral seguirán estando reguladas por las normas materiales de los convenios fiscales bilaterales.

A.1.2.1. Convenios fiscales bilaterales celebrados antes de la entrada en vigor del instrumento multilateral

17. Hay dos formas de abordar la cuestión de las relaciones entre un instrumento multilateral y los convenios bilaterales modificados por aquel: 1) definir de forma expresa esta relación en el instrumento multilateral; o 2) dejar que esta relación se rija por las reglas generales de derecho internacional.

18. Si el convenio multilateral no establece nada al respecto, se aplica la regla general, codificada en el artículo 30.3 del CVDT[4], donde, al existir dos normas regulando la misma materia, prevalece la posterior (*lex posterior derogat legi priori*). Por lo tanto, los convenios bilaterales anteriores (por ejemplo, los celebrados en una fecha anterior) seguirán aplicándose únicamente en la medida en que sus disposiciones sean compatibles con las del convenio multilateral posterior.

19. Sin embargo, a fin de mantener la claridad y la transparencia, sería importante definir de forma expresa la relación entre el instrumento multilateral y la actual red de convenios bilaterales, lo que puede llevarse a cabo mediante la inclusión en el instrumento multilateral de cláusulas de compatibilidad.

i. Justificación de las cláusulas de compatibilidad

20. Cuando se negocian convenios que regulan materias ya tratadas por otros convenios, es habitual incluir una cláusula de compatibilidad (o «cláusula de conflicto») que regule de forma expresa la relación entre ambos tratados. Esta técnica se ha utilizado en distintos casos en los que las disposiciones de un instrumento multilateral sustituyen a las disposiciones de una red vigente de convenios bilaterales, en particular, cuando la materia tiene una gran complejidad (este asunto se analiza más adelante).

21. En este caso, dado el número de convenios bilaterales de que se trata y la naturaleza técnica de su contenido, sería recomendable que el instrumento multilateral contuviera una disposición expresa que definiera su relación con los convenios bilaterales en vigor. Si las partes están de acuerdo, también se puede establecer un mecanismo para resolver los problemas derivados de la aplicación de la referida cláusula de compatibilidad.

22. Esto proporcionaría a todas las partes interesadas (administraciones nacionales, agencias tributarias, jueces nacionales, contribuyentes, sociedad civil, etc.) claridad y transparencia sobre el hecho que, en principio, las disposiciones del instrumento multilateral deben aplicarse en caso de conflicto con normas preexistentes en los convenios bilaterales.

ii. Tipos de cláusulas de compatibilidad

23. La práctica es variada y no existe una cláusula de compatibilidad típica. En los precedentes descritos a continuación, los instrumentos multilaterales han «abrogado», «reemplazado», «sustituido» o «modificado» las disposiciones de convenios bilaterales preexistentes. En uno de los ejemplos, las disposiciones del instrumento multilateral se han «incluido» en los convenios bilaterales. El grado de precisión y el alcance de los cambios introducidos en los convenios bilaterales no son iguales en todos los casos.

24. En los siguientes ejemplos, es necesario señalar que los convenios bilaterales se mantienen en vigor en aquellos ámbitos que no regulan las disposiciones del instrumento multilateral, como es el caso entre una parte del instrumento multilateral y un tercero con quien ha firmado un convenio con anterioridad (como se explica a continuación en el apartado A.1.3).

- El instrumento multilateral sustituye las disposiciones de los convenios bilaterales que regulan las mismas materias específicas que el instrumento multilateral.

Convenio Europeo de Extradición (1957)

Artículo 28.1. Relaciones entre el presente Convenio y los acuerdos bilaterales: «*El presente Convenio abroga, en lo que concierne a los territorios en los cuales se aplica, las disposiciones de los Tratados, Convenios o Acuerdos bilaterales que regulen la materia de la extradición entre dos Partes contratantes*».

Convenio Europeo sobre Repatriación de Menores (1970)

Artículo 27.1: «*Sin perjuicio de las disposiciones de los apartados 3 y 4 de este artículo, el presente Convenio abroga, en los que concierne a los territorios en los cuales se aplica, las disposiciones de los Tratados, Convenios o Acuerdos bilaterales entre los Estados contratantes relativas a la repatriación de menores por las razones señaladas en el artículo 2, en la medida en que los Estados contratantes siempre pueden acogerse a las facilidades de repatriación previstas en el presente Convenio*».

- El instrumento multilateral modifica las disposiciones de convenios previos (bilaterales o de otro tipo) solo en la medida en que difieran de las disposiciones del instrumento multilateral o sean incompatibles con ellas. Hay diferentes umbrales para invocar estas cláusulas de compatibilidad: en algunos casos, será suficiente con la existencia de cualquier diferencia («discrepancia»), mientras que en otros, se exigirá que exista incoherencia o incompatibilidad entre disposiciones.

Convenio Europeo para la Represión del Terrorismo (1977)

Artículo 8.3: «*Las disposiciones de cualesquiera tratados y convenios de asistencia judicial en materia penal aplicables entre los Estados contratantes, incluido el convenio europeo de asistencia judicial en materia penal, quedaran modificadas, en lo que respecta a las relaciones entre Estados contratantes, en la medida en que resulten incompatibles con el presente convenio*».

Tratado de Libre Comercio de América del Norte (1994)

Artículo 103. Relación con otros tratados internacionales: «*1. Las Partes confirman los derechos y obligaciones existentes entre ellas conforme al Acuerdo General sobre Aranceles Aduaneros y Comercio y otros acuerdos de los que sean parte. 2. En caso de incompatibilidad entre tales acuerdos y el presente Tratado, éste prevalecerá en la medida de la incompatibilidad, salvo que en el mismo se disponga otra cosa*».

Convenio Internacional para la Represión de la Financiación del Terrorismo (1999)

Artículo 11.5: «*Las disposiciones de todos los tratados de extradición vigentes entre Estados Partes con respecto a los delitos enumerados en el artículo 2 se considerarán modificadas entre esos Estados Partes en la medida en que sean incompatibles con el presente Convenio*».

- Asimismo, en algunos casos la cláusula de compatibilidad, al tiempo que reconoce la primacía del instrumento multilateral sobre los convenios previos (bilaterales o de otro tipo), explica que el instrumento multilateral no afecta a los derechos y obligaciones derivados de esos otros convenios en la medida en que sean compatibles con él. El primer ejemplo tiene un gran interés: el instrumento multilateral estipula que sus disposiciones sustituyen a las de convenios anteriores, pero determina expresamente que se mantendrán en vigor las obligaciones de dichos convenios correspondientes a materias no reguladas por el instrumento multilateral.

Convenio Europeo de Asistencia Judicial en Materia Penal (1959)

Artículo 26: «*1. A reserva de lo dispuesto en el párrafo 7 del artículo 15 y en el párrafo 3 del artículo 16, el presente Convenio deroga, en lo que afecta a los territorios a los que se aplica, aquellas disposiciones de los tratados, convenios o acuerdos bilaterales que regulen entre dos Partes Contratantes la asistencia judicial en materia penal. 2. No obstante, el presente Convenio no afectará a las obligaciones contenidas en las disposiciones de cualquier otro convenio internacional de carácter bilateral o multilateral, en los que determinadas cláusulas reglamenten actualmente o en lo sucesivo en una esfera concreta, la asistencia judicial sobre puntos particulares*».

Convención de las Naciones Unidas sobre el Derecho del Mar (1982)

Artículo 311. Relación con otras convenciones y acuerdos internacionales: «*2. Esta Convención no modificará los derechos ni las obligaciones de los Estados Partes dimanantes de otros acuerdos compatibles con ella y que no afecten al disfrute de los derechos ni al cumplimiento de las obligaciones que a los demás Estados Partes correspondan en virtud de la Convención* [...]».

- Un caso distinto es aquel en el que el instrumento multilateral crea una excepción al principio general de que las disposiciones del instrumento multilateral sustituyen a las de los acuerdos anteriores, al establecer que no afectará a disposiciones «más favorables» de un convenio bilateral o multilateral vigentes en el momento en que se celebra el instrumento multilateral.

Convención sobre la Eliminación de Todas las Formas de Discriminación contra la Mujer (1979)

Artículo 23. «*Nada de lo dispuesto en la presente Convención afectará a disposición alguna que sea más conducente al logro de la igualdad entre hombres y mujeres y que pueda formar de: [...] b. Cualquier otra convención, tratado o acuerdo internacional vigente en ese Estado*».

Convención Internacional sobre la Protección de los Derechos de Todos los Trabajadores Migratorios y de sus Familiares (1990)

Artículo 81.1: «*Nada de lo dispuesto en la presente Convención afectará a ningún derecho o libertad más favorable que se conceda a los trabajadores migratorios y a sus familiares en virtud de: [...] b. Todo tratado bilateral o multilateral vigente para el Estado Parte interesado*».

- Por último, en algunos casos, el convenio multilateral va más lejos al establecer explícitamente cuáles de sus disposiciones se añaden a los instrumentos bilaterales o qué disposiciones de los convenios bilaterales resultan modificadas y de qué manera. El siguiente ejemplo se refiere a la inclusión del contenido del convenio multilateral en la lista de delitos calificados como extraditables en convenios bilaterales.

Convenio para la Represión de Actos Ilícitos contra la Seguridad de la Navegación Marítima (1988)

Artículo 11.1: «*Los delitos enunciados en el artículo 3 se considerarán incluidos entre los delitos que dan lugar a extradición en todo tratado de extradición celebrado entre Estados Partes*».

iii. Las cláusulas de compatibilidad pueden abordar situaciones complejas

25. La cláusula de compatibilidad puede tener en cuenta las diferencias existentes en relación con el alcance, la redacción y la numeración de los apartados entre distintos convenios bilaterales modificados por el instrumento multilateral. Una redacción cuidadosa de la cláusula puede evitar que dichas diferencias generen problemas.

26. Existen precedentes muy útiles en los que la cláusula de compatibilidad del instrumento multilateral señala:

- Las disposiciones que deben modificarse usando una descripción precisa que elimine la necesidad de hacer referencia a disposiciones concretas o a la numeración de los apartados de los convenios bilaterales.
- La descripción exacta del efecto de sus disposiciones sobre las de los convenios bilaterales, mediante la inclusión de conectores como «en lugar de», «junto con», «en ausencia de».

Acuerdo de Extradición entre la Unión Europea y los Estados Unidos de América (2003)[5]

Artículo 3.1. Ámbito de aplicación del presente Acuerdo en relación con tratados bilaterales de extradición con los Estados miembros: *«La Unión Europea, con arreglo al Tratado de la Unión Europea, y los Estados Unidos de América velarán por que las disposiciones del presente Acuerdo se apliquen en relación con los tratados bilaterales de extradición entre los Estados miembros y los Estados Unidos de América, vigentes en el momento de la entrada en vigor del presente Acuerdo, en las condiciones siguientes:*

a) el artículo 4 se aplicará en lugar de las disposiciones del tratado bilateral que autoricen la extradición exclusivamente para una lista de infracciones penales específicas;

b) el artículo 5 se aplicará en lugar o en ausencia de disposiciones del tratado bilateral en materia de transmisión, certificación, autentificación o legalización de las solicitudes de extradición formuladas por el Estado requirente y de los documentos que les sirven de base;

c) el artículo 6 se aplicará en ausencia de disposiciones del tratado bilateral por las que se autorice la transmisión directa de solicitudes de detención provisional entre el Departamento de Justicia de los Estados Unidos y el Ministerio de Justicia del Estado miembro correspondiente;

d) el artículo 7 se aplicará junto con las disposiciones del tratado bilateral que rijan la transmisión de las solicitudes de extradición;

e) el artículo 8 se aplicará en ausencia de disposiciones del tratado bilateral que rijan la presentación de información complementaria; si las disposiciones del tratado bilateral no especifican el conducto que ha de usarse, se aplicará también el apartado 2 de dicho artículo;

f) el artículo 9 se aplicará en ausencia de disposiciones del tratado bilateral por las que se autorice el traslado temporal de personas procesadas o que cumplan penas en el Estado requerido;

g) el artículo 10 se aplicará, salvo que contenga una disposición en otro sentido, en lugar de, o en ausencia de las disposiciones del tratado bilateral relativas a la decisión a adoptar en caso de concurrencia de varias solicitudes de extradición relativas a la misma persona;

h) el artículo 11 se aplicará en ausencia de disposiciones del tratado bilateral que autoricen la renuncia a la aplicación de los procedimientos de extradición o autoricen la aplicación de procedimientos simplificados de extradición;

i) el artículo 12 se aplicará en ausencia de disposiciones del tratado bilateral en materia de tránsito; si las disposiciones del tratado bilateral no especifican el procedimiento relativo al aterrizaje no programado de una aeronave, se aplicará también el apartado 3 de dicho artículo;

j) el Estado requerido podrá aplicar el artículo 13 en lugar de, o a falta de, disposiciones del tratado bilateral que regulen la pena capital;

k) el artículo 14 se aplicará en ausencia de disposiciones del tratado bilateral que rijan el tratamiento de la información sensible en una solicitud».

A.1.2.2. Convenios fiscales bilaterales celebrados después de la entrada en vigor del instrumento multilateral

27. Para garantizar la coherencia con el régimen jurídico creado por el instrumento multilateral, las partes pueden considerar necesario definir determinados parámetros que rijan sus actividades futuras de elaboración de convenios, mediante una cláusula de compatibilidad prospectiva o de «obediencia».

28. Las cláusulas de compatibilidad u obediencia, que se encuentran en diferentes convenios multilaterales vigentes, estipulan que las partes no pueden celebrar acuerdos posteriores que sean contrarios a lo que establece el convenio.

29. En algunos casos, puede suceder que el objetivo de los acuerdos posteriores celebrados entre dos o más partes de un instrumento multilateral sea más amplio que el contenido del acuerdo principal, al establecer un «régimen especial» entre ellas. Este es el escenario contemplado y codificado en el artículo 41 del CVDT[6]. Según este artículo, el acuerdo principal no debe prohibir los acuerdos posteriores y estos no deben afectar a los derechos y obligaciones de otras partes del convenio.

- Los instrumentos multilaterales pueden incluir cláusulas que permitan a las partes asumir compromisos con un alcance mayor frente a otras partes, a condición de que los acuerdos posteriores tan solo puedan confirmar, complementar, extender o ampliar las disposiciones del convenio multilateral principal.

Convenio Europeo de Extradición (1957)

Artículo 28.2. Relaciones entre el presente Convenio y los acuerdos bilaterales: *«Las Partes contratantes no podrán concluir entre ellas Acuerdos bilaterales o multilaterales, más que para completar las disposiciones del presente Convenio o para facilitar la aplicación de los principios contenidos en éste».*

Convenio de Viena sobre Relaciones Consulares (1963)

Artículo 73.2. Relación entre la presente convención y otros acuerdos internacionales: *«Ninguna de las disposiciones de la presente Convención impedirá que los Estados concierten acuerdos internacionales que confirmen, completen, extiendan o amplíen las disposiciones de aquélla».*

- Los instrumentos multilaterales también pueden adoptar el enfoque contrario y establecer que los acuerdos posteriores no pueden ser contrarios al objeto ni a la finalidad del convenio principal ni ser incongruentes con sus disposiciones.

Convenio sobre Aviación Civil Internacional (1944)

Artículo 83 – Registro de nuevos arreglos: *"Con sujeción a lo dispuesto en el artículo precedente, todo Estado contratante puede concertar arreglos que no sean incompatibles con las disposiciones del presente Convenio. Todo arreglo de esta naturaleza se registrará inmediatamente en el Consejo, el cual lo hará público a la mayor brevedad posible".*

Convención de las Naciones Unidas sobre el Derecho del Mar (1982)

Artículo 311.3. – Relación con otras convenciones y acuerdos internacionales: *"Dos o más Estados Partes podrán celebrar acuerdos, aplicables únicamente en sus relaciones mutuas, por los que se modifiquen disposiciones de esta Convención o se suspenda su aplicación, siempre que tales acuerdos no se refieran a ninguna disposición cuya modificación sea incompatible con la consecución efectiva de su objeto y de su fin, y siempre que tales acuerdos no afecten a la aplicación de los principios básicos enunciados en la Convención y que las disposiciones de tales acuerdos no afecten al disfrute de los derechos ni al cumplimiento de las obligaciones que a los demás Estados Partes correspondan en virtud de la Convención".*

Convenio del Consejo de Europa para la Prevención del Terrorismo (2005)

Article 26(2) – Efectos del Convenio: "[...] *No obstante, cuando las Partes establezcan sus relaciones sobre las materias objeto del presente Convenio de un modo diferente al previsto, lo harán de modo que no sea incompatible con los objetivos y principios del Convenio".*

- Por último, en algunos casos el convenio multilateral puede incluso invitar a las partes a adoptar acuerdos posteriores a fin de superar el ámbito del convenio principal o facilitar su aplicación efectiva.

Convención de las Naciones Unidas contra la Delincuencia Organizada Transnacional y sus Protocolos (2000)

Artículo 19. Investigaciones conjuntas: «*Los Estados Parte considerarán la posibilidad de celebrar acuerdos o arreglos bilaterales o multilaterales en virtud de los cuales, en relación con cuestiones que son objeto de investigaciones, procesos o actuaciones judiciales en uno o más Estados, las autoridades competentes puedan establecer órganos mixtos de investigación.* [...]».

A.1.3. Relación de las partes de un instrumento multilateral con terceros

30. Un corolario del principio de soberanía estatal es que los convenios solo vinculan a las partes[7].

> «*Un tratado no crea obligaciones ni derechos para un tercer Estado sin su consentimiento*»[8] *y «[u]na disposición de un tratado dará origen a una obligación para un tercer Estado si las partes en el tratado tienen la intención de que tal disposición sea el medio de crear la obligación y si el tercer Estado acepta expresamente por escrito esa obligación*»[9] (sin cursiva en el original).

31. Por consiguiente, en este supuesto, el contenido del instrumento multilateral no sería vinculante para terceros (por ejemplo, Estados que no son partes del instrumento). La parte del instrumento multilateral y el tercero podrían seguir vinculados por las disposiciones de cualquier convenio fiscal bilateral celebrado entre ellas sin las modificaciones introducidas por el instrumento multilateral. A pesar de esto, sería posible introducir una variante de la cláusula de compatibilidad que instara a las partes a tener en consideración, en la medida de lo posible, las disposiciones del instrumento multilateral a la hora de negociar convenios

fiscales bilaterales con terceros. Además, el instrumento multilateral podría dar a las partes la oportunidad de consultar cualquier problema que pudiera ir surgiendo con el tiempo en relación con terceros.

A.1.4. Cronología para la entrada en vigor del instrumento multilateral

A.1.4.1. Entrada en vigor del instrumento y sus disposiciones

i. La fecha de «entrada en vigor» del instrumento

32. Los Estados negociadores pueden decidir la fecha y condiciones de entrada en vigor del instrumento, por ejemplo, una vez que se hubiera producido un número de ratificaciones. En este caso, el instrumento entraría en vigor pero solo vincularía a aquellos Estados que lo hubieran ratificado en esa fecha. Como es lógico, el método para aplicar el instrumento multilateral en cada Estado dependería de cada sistema constitucional.

Convenio de Asistencia Administrativa Mutua en Materia Fiscal (1988)

Artículo 28.2. Firma y entrada en vigor del Convenio: *«El presente Convenio entrará en vigor el primer día del mes siguiente a la expiración de un período de tres meses después de la fecha en que cinco Estados hayan expresado su consentimiento en quedar vinculados por el Convenio de conformidad con las disposiciones del apartado 1».*

ii. «Fecha de aplicación» de las diferentes medidas establecida por el instrumento

33. Determinadas cláusulas del instrumento multilateral pueden determinar la fecha de aplicación prevista para cada medida. Pueden especificarse diferentes fechas de entrada en vigor para las distintas disposiciones del convenio (por ejemplo, un periodo fijo después de la entrada en vigor del convenio para los impuestos anticipados y el comienzo del ejercicio fiscal en cada país para otros impuestos).

34. El hecho de que cada Estado pueda tener una fecha de inicio del ejercicio fiscal distinta no representa un obstáculo. Por ejemplo, determinadas medidas podrían tener efectos en cada país al comienzo del ejercicio fiscal siguiente a la fecha de entrada en vigor del convenio en ese país (también pueden establecerse otras soluciones prácticas y flexibles).

Convenio de Asistencia Administrativa Mutua en Materia Fiscal (1988)

Artículo 28.6. Firma y entrada en vigor del Convenio: *«Las disposiciones del presente Convenio, modificado por el Protocolo de 2010, se aplicarán a la asistencia administrativa que abarque los periodos de imposición que se inicien el 1 de enero, o después del 1 de enero del año siguiente a aquel en el cual entre en vigor el Convenio modificado por el Protocolo de 2010 para una Parte o, a falta de periodo de imposición, se aplicarán a la asistencia administrativa relativa a las obligaciones fiscales nacidas el 1 de enero o después del 1 de enero del año siguiente al que entre en vigor el Convenio modificado por el Protocolo de 2010 para una Parte. Dos Partes o más podrán acordar que el Convenio modificado por el Protocolo de 2010 surtirá efecto en cuanto a la asistencia administrativa relativa a periodos de imposición u obligaciones fiscales anteriores».*

Acuerdo entre los Gobiernos de los Estados Miembros de la Comunidad del Caribe para Evitar la Doble Imposición y Prevenir la Evasión Fiscal en Materia de Impuestos sobre la Renta, los Beneficios o las Ganancias y las Ganancias de Capital, así como para Fomentar las Inversiones y el Comercio Regional (1994)

Artículo 28. Entrada en vigor: «*1. Este Acuerdo entrará en vigor con el depósito del segundo instrumento de ratificación según lo establecido en el artículo 27 y surtirá efecto:*

a) con relación a los impuestos retenidos en la fuente, sobre los importes pagados o abonados a una persona, el primer día del mes natural siguiente a la fecha en la que se haya depositado el segundo instrumento de ratificación;

b) con relación a los demás impuestos, en el ejercicio fiscal que comience a partir del 1 de enero siguiente a la fecha en la que se haya depositado el segundo instrumento de ratificación.

2. Cuando un Estado ratifique este Acuerdo después de su entrada en vigor, el Acuerdo surtirá efectos para dicho Estado:

a) con relación a los impuestos a los que se refiere la letra a), apartado 1 anterior, el primer día del mes natural siguiente a la fecha en la que se haya depositado su instrumento de ratificación;

b) con relación a los demás impuestos, en el ejercicio fiscal que comience a partir del 1 de enero siguiente a la fecha en la que se haya depositado su instrumento de ratificación».

A.1.4.2. Entrada en vigor para una parte que se adhiera con posterioridad

35. El instrumento puede especificar distintas modalidades de entrada en vigor para aquellas jurisdicciones que se adhieran a él después de que el instrumento entre en vigor. A falta de disposición en contrario, entraría en vigor cuando se depositara el instrumento de ratificación o adhesión aunque, en su caso, se puede establecer un plazo a fin de resolver las posibles dificultades técnicas.

Convenio de Asistencia Administrativa Mutua en Materia Fiscal (1988)

Artículo 28.5. Firma y entrada en vigor del Convenio: «[...] *Para cualquier Estado que ratifique el Convenio modificado por el Protocolo de 2010 con arreglo al presente apartado, el presente Convenio entrará en vigor el primer día del mes siguiente a la expiración de un período de tres meses después de la fecha de depósito del instrumento de ratificación en manos de uno de los Depositarios*».

36. Las disposiciones sobre la fecha a partir de la cual son aplicables ciertas disposiciones como, por ejemplo, aquellas que producirían efectos al comienzo del siguiente ejercicio fiscal, también podrían aplicarse a las jurisdicciones que se adhieran al instrumento multilateral después de su entrada en vigor.

A.1.5. Garantía de coherencia en la interpretación y aplicación del instrumento multilateral

A.1.5.1. El instrumento podría ir acompañado de directrices interpretativas

37. Muchos convenios van acompañados de comentarios, acordados por todas las partes, que proporcionan información general y orientaciones sobre el sentido de las disposiciones y las formas de implementación (por ejemplo, el *Informe explicativo de la Convención sobre Asistencia Administrativa Mutua en Materia Fiscal*[10] (en lo sucesivo «MAC»). El propio convenio puede incluir disposiciones que regulen la relación entre el convenio y sus comentarios.

A.1.5.2. Diálogo entre las partes sobre la aplicación

38. Si las partes así lo acuerdan, se puede constituir una Conferencia de Partes o un órgano coordinador para tratar las cuestiones relativas al instrumento o para hacer un seguimiento de su aplicación.

39. Si las partes lo desean, podrían aplicarse cuestiones más concretas, como la aplicación de cláusulas de compatibilidad en relación con convenios bilaterales previos, podrían abordarse mediante la inclusión en el instrumento multilateral de mecanismos tales como los procedimientos de consulta, que existen en la mayoría de los convenios fiscales, para resolver cualquier dificultad que surja:

Convención sobre el Comercio Internacional de Especies Amenazadas de Fauna y Flora Silvestres (1973)

Artículo XI. Conferencia de las Partes: *«1. La Secretaría convocará una Conferencia de las Partes a más tardar dos años después de la entrada en vigor de la presente Convención. 2. Posteriormente, la Secretaría convocará reuniones ordinarias de la Conferencia por lo menos una vez cada dos años, a menos que la Conferencia decida otra cosa, y reuniones extraordinarias en cualquier momento a solicitud, por escrito, de por lo menos un tercio de las Partes. 3. En las reuniones ordinarias o extraordinarias de la Conferencia, las Partes examinarán la aplicación de la presente Convención y podrán: a) adoptar cualquier medida necesaria para facilitar el desempeño de las funciones de la Secretaría, y adoptar disposiciones financieras; b) considerar y adoptar enmiendas a los Apéndices I y II de conformidad con lo dispuesto en el Artículo XV; c) analizar el progreso logrado en la restauración y conservación de las especies incluidas en los Apéndices I, II y III; d) recibir y considerar los informes presentados por la Secretaría o cualquiera de las Partes; y e) cuando corresponda, formular recomendaciones destinadas a mejorar la eficacia de la presente Convención».*

Convenio de Asistencia Administrativa Mutua en Materia Fiscal (1988)

Artículo 24.3. Aplicación del convenio: *«Un órgano coordinador integrado por representantes de las autoridades competentes de las Partes realizará, bajo los auspicios de la OCDE, un seguimiento de la aplicación y desarrollo del presente Convenio. A tal efecto, el órgano coordinador recomendará toda medida que pueda contribuir al logro de los objetivos generales del Convenio. En particular, servirá de foro para el estudio de nuevos métodos y procedimientos dirigidos a fomentar la cooperación en materia tributaria y, en su caso, podrá recomendar revisiones o enmiendas del Convenio. Los Estados que hayan firmado pero que aún no hayan ratificado, aceptado o aprobado el Convenio podrán hacerse representar como observadores en las reuniones del órgano coordinador».*

Convenio Nórdico de Asistencia Administrativa Mutua en Materia Fiscal (1989)

Artículo 20. Disposiciones especiales: «*2. En caso de que surjan entre dos o más Estados contratantes dificultades o dudas relativas a la aplicación o la interpretación del Convenio, las autoridades competentes de dichos Estados se consultarán mutuamente para resolver el problema a través de un acuerdo especial. La decisión que adopten se comunicará a las autoridades competentes de los demás Estados contratantes sin demora. 3. Si la autoridad competente de uno de los Estados contratantes considera que las consultas sobre la materia a que se refiere el apartado 2 deberían llevarse a cabo entre las autoridades competentes de todos los Estados contratantes, dichas consultas deberán celebrarse a instancia de ese Estado*».

Convención Marco de las Naciones Unidas sobre el Cambio Climático (1992)

Artículo 13. Resolución de cuestiones relacionadas con la aplicación de la convención: «*En su primer período de sesiones, la Conferencia de las Partes considerará el establecimiento de un mecanismo consultivo multilateral, al que podrán recurrir las Partes, si así lo solicitan, para la resolución de cuestiones relacionadas con la aplicación de la Convención*».

Convenio multilateral para la prevención de la doble imposición y la asistencia administrativa mutua en materia tributaria de la Asociación del Asia Meridional para la Cooperación Regional (AAMCR) (2005)

Artículo 12. Aplicación: «*Los Estados miembros celebrarán consultas periódicas, en su caso, entre las autoridades competentes a fin de facilitar la aplicación efectiva de este Acuerdo*».

A.1.6. Posibilidad de enmendar el instrumento multilateral de forma rápida y consensuada

40. La norma general del artículo 39 del CVDT señala que los convenios pueden ser enmendados «por acuerdo entre las partes». Es necesario señalar que «el acuerdo en virtud del cual se enmiende el convenio no vinculará a ningún Estado que siendo parte del convenio no sea parte de ese acuerdo»[11].

41. Dada la naturaleza de este instrumento multilateral, será especialmente importante que el mecanismo de enmienda sea eficiente y, al mismo tiempo, respete las prerrogativas de la soberanía estatal y garantice que las partes solo estarán vinculadas por las enmiendas que hayan aceptado.

Convención sobre la Prohibición del Empleo, Almacenamiento, Producción y Transferencia de Minas Antipersonal y sobre su Destrucción (1997)

Artículo 13.5. Enmiendas: «*Cualquier enmienda a esta Convención entrará en vigor para todos los Estados Parte de esta Convención que la haya aceptado, cuando una mayoría de los Estados Parte deposite ante el Depositario los instrumentos de aceptación. Posteriormente entrará en vigor para los demás Estados Parte en la fecha en que depositen su instrumento de aceptación*».

Convención de las Naciones Unidas contra la Delincuencia Organizada Transnacional (2000)

Enmienda 39.5. Enmienda: *«Cuando una enmienda entre en vigor, será vinculante para los Estados Parte que hayan expresado su consentimiento al respecto. Los demás Estados Parte quedarán sujetos a las disposiciones de la presente Convención, así como a cualquier otra enmienda anterior que hubiesen ratificado, aceptado o aprobado».*

A.2. Un instrumento multilateral puede proporcionar flexibilidad en cuanto al grado de compromiso

42. Puesto que el objetivo del instrumento multilateral es armonizar los métodos para luchar contra la erosión de la base imponible y el traslado de beneficios e introducir la igualdad de condiciones, será necesario garantizar que los compromisos de las partes se encuentren armonizados hasta donde sea posible. Sin embargo, el instrumento multilateral puede introducir flexibilidad en casos concretos en los que no es posible armonizar determinadas políticas fiscales entre todas las partes del instrumento multilateral y cuando el grado de compromiso que las partes están dispuestas a asumir depende de la jurisdicción con la que se asocian.

A.2.1. Dos tipos de flexibilidad en función del grado de compromiso

A.2.1.1. Grado de compromiso frente a todas las partes (esto es, en función del contenido de determinadas disposiciones)

43. Hay varias formas de garantizar la flexibilidad en los compromisos en función de la materia que asumen todas las partes entre sí.

- Primeramente, las partes podrían excluir la aplicación, total o parcial, de determinadas disposiciones.
- En segundo lugar, las partes podrían optar entre medidas alternativas previstas en el instrumento.
- En tercer lugar, el instrumento multilateral podría prever la posibilidad de que las partes asumieran compromisos adicionales incluidos en un protocolo facultativo al convenio principal, en ámbitos en los que esto no interfiera con el objetivo general de luchar de forma coordinada contra la erosión de la base imponible y el traslado de beneficios.

44. Estas posibilidades se describen de manera más pormenorizada en la sección A.2.2 en adelante.

A.2.1.2. Grado de compromiso con determinadas partes (esto es, en función de otras jurisdicciones que son parte)

45. Como muestran las diferencias existentes en la actual red de convenios fiscales, las partes pueden no estar preparadas para asumir el mismo grado de compromiso con todas las partes. El instrumento puede permitir que las partes modulen su nivel de compromiso en función de la jurisdicción contraparte de que se trate.

46. Una opción sería que determinadas disposiciones del instrumento multilateral previesen, de forma explícita, distintos grados de compromiso (disposiciones alternativas, véase la sección A.2.2.2. más adelante) y un sistema para notificar el grado de compromiso asumido con cada una de las diferentes partes. Cada vez que una jurisdicción se adhiera al convenio sería necesario realizar una nueva notificación.

Acuerdo General sobre Aranceles Aduaneros y Comercio (1947)

Artículo XXXV. No aplicación del Acuerdo entre partes contratantes: *«1. El presente Acuerdo, o su artículo II, no se aplicará entre dos partes contratantes: a) si ambas partes contratantes no han entablado negociaciones arancelarias entre ellas; y b) si una u otra no consiente en dicha aplicación en el momento en que pase a ser parte contratante cualquiera de ellas. 2. A petición de una parte contratante, las partes contratantes podrán examinar la aplicación del presente artículo en casos particulares y formular recomendaciones apropiadas».*

47. Un tema relacionado sería la situación de aquellas partes que están vinculadas en virtud de un régimen regional. En su caso, si se dan determinadas circunstancias, el instrumento multilateral podría permitirles aplicar un régimen específico entre ellas. Esto es posible mediante el uso de las llamadas «cláusulas de exclusión voluntarias», utilizadas con relación a la Unión Europea (UE).

A.2.2. Formas de introducir flexibilidad en el instrumento multilateral

48. Este apartado trata sobre las modalidades existentes para introducir flexibilidad en el grado de compromiso en función de la materia señaladas en el apartado A.2.1 anterior.

49. Las partes podrían comprometerse a asumir el núcleo básico de disposiciones recogidas en el instrumento multilateral, pero tendrían la posibilidad de excluir determinadas medidas, optar entre varias medidas alternativas claramente delineadas o aceptar medidas adicionales. Todos estos mecanismos podrían utilizarse, según proceda, para las diferentes disposiciones del instrumento multilateral. Por último, se podría introducir flexibilidad en la terminología empleada y el tipo de obligaciones que contienen las disposiciones del instrumento multilateral.

50. Los mecanismos de exclusión y los facultativos se utilizan con frecuencia para garantizar la flexibilidad y son una técnica comúnmente empleada en los convenios desarrollados en el seno de varias organizaciones internacionales, como la Organización Internacional del Trabajo (OIT) y la Organización de Aviación Civil Internacional (OACI)[12].

A.2.2.1. Mecanismos de exclusión

51. Las partes pueden excluir o modificar los efectos jurídicos de determinadas disposiciones, total o parcialmente, mediante el uso de los mecanismos de exclusión previstos explícitamente en el convenio, la introducción de reservas o el uso de otros mecanismos, como las excepciones, las derogaciones y las restricciones.

> *«Con arreglo a la definición comúnmente admitida, una cláusula de exclusión o de* opting *(o de* contracting*) out es una disposición convencional en virtud de la cual el Estado quedará obligado por las normas estipuladas en el tratado si*

no expresa su intención de no quedar obligado por algunas de ellas en un plazo determinado»[13].

- Hay muchos precedentes de mecanismos explícitos de exclusión, especialmente en los convenios adoptados bajo los auspicios de la OIT y del Consejo de Europa. Los mecanismos de exclusión pueden limitarse a un determinado periodo de tiempo.

C063 – Convenio sobre Estadísticas de Salarios y Horas de Trabajo (1938)

Artículo 2.1. *«Todo Miembro que ratifique el presente Convenio podrá, mediante una declaración anexa a su ratificación, excluir de la obligación que de ella resulte: (a) una de las partes II, III o IV; (b) o las partes II y IV; (c) o las partes III y IV».*

Convenio Internacional para Prevenir la Contaminación por los Buques (1973)

Artículo 14.1. *«Todo Estado, al tiempo de firmar, ratificar, aceptar, aprobar el presente Convenio o adherirse al mismo, podrá declarar que no acepta alguno o ninguno de los Anexos III, IV y V (a los que se designará en adelante anexos facultativos) del presente Convenio. A reserva de lo anterior, las Partes en el Convenio quedarán obligadas por cualquiera de los anexos en su totalidad».*

Estatuto de la Corte Penal Internacional (1998)

Artículo 124. Disposición de transición: *«No obstante lo dispuesto en los párrafos 1 y 2 del artículo 12, un Estado, al hacerse parte en el presente Estatuto, podrá declarar que, durante un período de siete años contados a partir de la fecha en que el Estatuto entre en vigor a su respecto, no aceptará la competencia de la Corte sobre la categoría de crímenes a que se hace referencia en el artículo 8 cuando se denuncie la comisión de uno de esos crímenes por sus nacionales o en su territorio. La declaración formulada de conformidad con el presente artículo podrá ser retirada en cualquier momento. Lo dispuesto en el presente artículo será reconsiderado en la Conferencia de Revisión que se convoque de conformidad con el párrafo 1 del artículo 123».*

- Además, mediante la *formulación de reservas* se pueden excluir algunas disposiciones del convenio en aquellos casos en los que no hay mecanismos de exclusión explícitos.

Una reserva es una declaración unilateral de un Estado formulada en el momento de la firma, la ratificación, la aceptación, la aprobación o la adhesión al instrumento multilateral, mediante la cual excluye o modifica los efectos jurídicos de determinadas disposiciones del convenio (cf. artículos 19 a 23 del CVDT). Solo se permiten reservas que no estén prohibidas en el convenio ni sean incompatibles con su objeto y finalidad.

En caso de silencio del instrumento multilateral, en principio, las partes podrían formular reservas a cualquiera de sus disposiciones materiales. Sin embargo, a fin de evitar la exclusión de disposiciones esenciales, el instrumento multilateral podría permitir la formulación de reservas relacionadas únicamente con determinadas disposiciones, que se enumerarían de forma exhaustiva en una lista de reservas permitidas.

Convención sobre Asistencia Administrativa Mutua en Materia Fiscal (1988)

Artículo 30. Reservas: «*1. Cualquier Estado podrá, en el momento de firmar o al depositar su instrumento de ratificación, aceptación o aprobación o en cualquier fecha posterior, declarar que se reserva el derecho a:*

a. no otorgar cualquier forma de asistencia en relación con los impuestos de otras Partes en cualquiera de las categorías mencionadas en el inciso b) del párrafo 1 del Artículo 2, siempre que no se haya incluido algún impuesto nacional en esa categoría en el Anexo A de la Convención;

b. no otorgar asistencia en el cobro de un crédito fiscal, o en el cobro de una multa administrativa, para todos los impuestos o solo para los impuestos en una o más de las categorías mencionadas en el párrafo 1 del Artículo 2;

c. no otorgar asistencia con respecto a cualquier crédito fiscal existente en la fecha de entrada en vigor de la Convención con respecto a ese Estado o, cuando anteriormente se haya formulado una reserva de conformidad con lo dispuesto por los incisos a) o b) anteriores, en la fecha en que se retire dicha reserva en relación con los impuestos de la categoría en cuestión;

d. no otorgar asistencia sobre la notificación o traslado de documentos para todos los impuestos en una o más de las categorías mencionadas en el párrafo 1 del Artículo 2;

e. no permitir la notificación o traslado de documentos a través de correo, de conformidad con lo previsto en el párrafo 3 del Artículo 17.

f. aplicar el párrafo 7 del Artículo 28 exclusivamente para asistencia administrativa relacionada con ejercicios fiscales que inicien el o a partir del 1 de enero del tercer año que preceda a aquel en que la Convención, conforme fue modificada por el Protocolo de 2010, entró en vigor con respecto de una Parte, o cuando no exista ejercicio fiscal, para la asistencia administrativa relacionada con los cobros de impuestos que surjan el o a partir del tercer año que preceda aquel en que la Convención, conforme fue modificada por el Protocolo de 2010, entró en vigor con respecto a una Parte.

2. No podrá formularse ninguna otra reserva».

Convenio sobre la Ciberdelincuencia (2001)

Artículo 9.4. Delitos relacionados con la pornografía infantil: «*Las Partes podrán reservarse el derecho a no aplicar, en todo o en parte, los apartados d) y e) del párrafo 1 y los apartados b) y c) del párrafo 2*» en concordancia con el artículo 42 (Reservas): «*Mediante notificación por escrito dirigida al Secretario General del Consejo de Europa, cualquier Estado podrá declarar, en el momento de la firma o del depósito de su instrumento de ratificación, aceptación, aprobación o adhesión, que se acoge a una o varias de las reservas previstas en el párrafo 2 del artículo 4, el párrafo 3 del artículo 6, el párrafo 4 del artículo 9, el párrafo 3 del artículo 10, el párrafo 3 del artículo 11, el párrafo 3 del artículo 14, el párrafo 2 del artículo 22, el párrafo 4 del artículo 29 y el párrafo 1 del artículo 41. No podrá formularse ninguna otra reserva*».

A.2.2.2. Opción entre disposiciones alternativas

52. Las partes podrían tener que optar:

i. Entre disposiciones alternativas concretas (elegir una u otra)

Acta General para el Arreglo Pacífico de las Diferencias Internacionales (1928)

Artículo XXXVIII: *«Las adhesiones a la presente Acta General podrán aplicarse: a) Bien a la totalidad del Acta (capítulos I, II, III y IV); b) Bien solamente a las disposiciones relativas a la conciliación y al arreglo judicial (capítulos I y II), así como a las disposiciones generales concernientes a estos procedimientos (capítulo IV)».*

Convenio OIT 96 (revisado) relativo a las agencias retribuidas de colocación (1949)

Artículo 2.1. *«1. Todo Miembro que ratifique el presente Convenio deberá indicar en su instrumento de ratificación si acepta las disposiciones de la parte II, que prevén la supresión progresiva de las agencias retribuidas de colocación con fines lucrativos y la reglamentación de las demás agencias de colocación, o si acepta las disposiciones de la parte III, que prevén la reglamentación de las agencias retribuidas de colocación, comprendidas las agencias de colocación con fines lucrativos».*

ii. Entre una lista de disposiciones con la fijación de un mínimo

C102 – Convenio sobre la seguridad social (norma mínima) (1952)

Artículo 2. *«Todo Miembro para el cual esté en vigor este Convenio deberá: (a) aplicar: (i) la parte I; (ii) tres, por lo menos, de las partes II, III, IV, V, VI, VII, VIII, IX y X, que comprendan, por lo menos, una de las partes IV, V, VI, IX y X; (iii) las disposiciones correspondientes de las partes XI, XII, y XIII; (iv) la parte XIV».*

Carta Social Europea (1961)

Artículo 20.1. Obligaciones: *«1. Cada una de las Partes Contratantes se compromete: a) A considerar la Parte I de la presente Carta como una declaración de los objetivos que tratará de alcanzar por todos los medios adecuados, conforme a lo dispuesto en el párrafo de introducción de dicha Parte. b) A considerarse obligada al menos por cinco de los siete artículos siguientes de la Parte II de la Carta: artículos 1, 5, 6, 12, 13, 16 y 19. c) A considerarse obligada, además, por un número adicional de artículos o párrafos numerados de la Parte II de la Carta que elija dicha Parte Contratante, siempre que el número total de los artículos y de los párrafos numerados a los que quedará obligada no sea inferior a 10 artículos o a 45 párrafos numerados».*

Carta Europea de las Lenguas Regionales o Minoritarias (1992)

Artículo 2. Compromisos*: «1. Cada Parte se compromete a aplicar las disposiciones de la parte II al conjunto de las lenguas regionales o minoritarias habladas en su territorio, que respondan a las definiciones del artículo 1. 2. Por lo que se refiere a toda lengua indicada en el momento de la ratificación, aceptación o aprobación de conformidad con el artículo 3, cada una de las Partes se comprromete a aplicar un mínimo de treinta y cinco párrafos o apartados elegidos entre las disposiciones de la parte III de la presente Carta, de los cuales, al menos, tres deberán ser elegidos de cada uno de los artículos 8 y 12 y uno de cada uno de los artículos 9, 10, 11 y 13».*

Acuerdo sobre Facilitación del Comercio de Bali (2013)

Artículo 7.7.7.3. Medidas de facilitación del comercio para los operadores autorizados: *«Las medidas de facilitación del comercio que se establezcan en virtud del párrafo 7.1 incluirán por lo menos tres de las siguientes medidas: a) número reducido de requisitos de documentación y datos, según proceda; b) número reducido de inspecciones físicas y exámenes, según proceda; c) levante rápido, según proceda; d) pago diferido de los derechos, impuestos, tasas y cargas; e) utilización de garantías generales o reducción de las garantías; f) una sola declaración de aduana para todas las importaciones o exportaciones realizadas en un período dado; y g) despacho de las mercancías en los locales del operador autorizado o en otro lugar autorizado por la aduana».*

A.2.2.3. Mecanismos facultativos

53. Los mecanismos facultativos, de *opting* (o *contracting*) *in* cabe definirlos «como disposiciones que establecen que las partes en un tratado pueden aceptar obligaciones que, de no mediar una aceptación expresa, no les serían aplicables automáticamente»[14]. El objetivo de estos mecanismos es permitir a las partes que lo deseen comprometerse a aplicar ciertas medidas para alcanzar los objetivos del convenio.

- Cuando las partes tienen la posibilidad de optar entre distintas disposiciones alternativas (como se ha explicado en el apartado A.2.2.2), podrán asumir compromisos adicionales si se supera el número mínimo de compromisos fijado y optan por vincularse a un conjunto de disposiciones más amplio.
- Además, las partes pueden tener la opción de obligarse en virtud de determinadas disposiciones claramente definidas mediante una declaración unilateral.

Convenio de la Haya sobre Reconocimiento y Ejecución de Resoluciones relativas a las Obligaciones Alimenticias (1973)

Artículo 25. *«Todo Estado contratante podrá declarar, en todo momento, que las disposiciones del Convenio se extenderán, en sus relaciones con los Estados que hubieren hecho la misma declaración, a todo documento auténtico autorizado y ejecutivo en el Estado de origen, extendido ante una autoridad o un funcionario público, en la medida en que dichas disposiciones pudieren aplicarse a los mencionados documentos».*

Tratado sobre la Carta de la Energía (1994)

Artículo 10.6. Promoción, protección y trato de las inversiones: «*a) En lo que se refiere a la realización de inversiones en su territorio, cualquier Parte Contratante podrá, en cualquier momento, declarar voluntariamente a la Conferencia sobre la Carta, a través de la Secretaría, su intención de no introducir nuevas excepciones al trato descrito en el apartado 3. b) Además, cualquier Parte Contratante podrá adoptar, en cualquier momento, voluntariamente, el compromiso de conceder a los inversores de las demás Partes Contratantes, en cuanto a la realización de inversiones en alguna o en todas las Actividades Económicas en el Sector de la Energía de su territorio, el trato descrito en el apartado 3. Dicho compromiso deberá comunicarse a la Secretaría e incluirse en el anexo VC y será vinculante en virtud del presente Tratado*».

Pacto Internacional de Derechos Civiles y Políticos (1966)

Artículo 41.1: «*Con arreglo al presente artículo, todo Estado Parte en el presente Pacto podrá declarar en cualquier momento que reconoce la competencia del Comité para recibir y examinar las comunicaciones en que un Estado Parte alegue que otro Estado Parte no cumple las obligaciones que le impone este Pacto. Las comunicaciones hechas en virtud del presente artículo sólo se podrán admitir y examinar si son presentadas por un Estado Parte que haya hecho una declaración por la cual reconozca con respecto a sí mismo la competencia del Comité. El Comité no admitirá ninguna comunicación relativa a un Estado Parte que no haya hecho tal declaración.* [...]».

- Las partes también podrán asumir compromisos adicionales mediante la celebración de protocolos facultativos al instrumento multilateral, que pueden abrirse a la firma en el momento o después de la entrada en vigor del convenio principal.

Convenio para la Protección de los Derechos Humanos y de las Libertades Fundamentales (1950)

Casi todas las partes del Convenio de 1950 han firmado y ratificado el Protocolo número 6 del Convenio para la Protección de los Derechos Humanos y de las Libertades Fundamentales relativo a la abolición de la pena de muerte (1983), que va más lejos que el instrumento principal, al establecer que las partes «deben abolir la pena de muerte».

Segundo Protocolo Facultativo del Pacto Internacional de Derechos Civiles y Políticos, destinado a abolir la pena de muerte (1989)

Artículo 6. «*1. Las disposiciones del presente Protocolo serán aplicables en carácter de disposiciones adicionales del Pacto. 2. Sin perjuicio de la posibilidad de formular una reserva con arreglo al artículo 2 del presente Protocolo, el derecho garantizado en el párrafo 1 del artículo 1 del presente Protocolo no estará sometido a ninguna suspensión en virtud del artículo 4 de Pacto*».

Artículo 7. «*1. El presente Protocolo está abierto a la firma de cualquier Estado que haya firmado el Pacto. 2. El presente Protocolo está sujeto a ratificación por cualquier Estado que haya ratificado el Pacto o se haya adherido a él.* [...]»

Protocolo Facultativo de la Convención sobre los derechos del Niño relativo a la participación de niños en los conflictos armados (2000)

Artículo 9.1: «*El presente Protocolo estará abierto a la firma de todo Estado que sea Parte en la Convención o la haya firmado.* [...]»

A.2.2.4. Flexibilidad inherente a la formulación de las disposiciones

54. Por último, el grado de compromiso asumido por las partes respecto a disposiciones concretas puede depender de la redacción utilizada y los tipos de obligaciones.

i. Redacción

55. Dentro de un mismo convenio, el grado de compromiso puede ajustarse entre diferentes disposiciones y en función del objeto del convenio:

- Redacción estricta: «irá», «deberá», «debe», «asume».
- Redacción más flexible: «puede», «en su caso/según proceda», «debería considerar», «adoptar las medidas necesarias para», «a fin de», «incluyendo».

Convenio de Asistencia Administrativa Mutua en Materia Fiscal (1988)

Artículo 13. Documentos que se anexan a la solicitud: «*1. La solicitud de asistencia administrativa de conformidad con esta sección deberá acompañarse de:* [...] *2. La instrumento que permite la exigibilidad en el Estado requirente deberá, cuando sea apropiado y de conformidad con las disposiciones en vigor en el Estado requerido, ser aceptado, reconocido, completado o reemplazado, tan pronto como sea posible después de la fecha de recepción de la solicitud de asistencia, por un instrumento que permita su exigibilidad en este último Estado*».

Convención de las Naciones Unidas sobre el Derecho del Mar (1982)

Artículo 123. Cooperación entre los Estados ribereños de mares cerrados o semicerrados: «*Los Estados ribereños de un mar cerrado o semicerrado deberían cooperar entre sí en el ejercicio de sus derechos y en el cumplimiento de sus deberes con arreglo a esta Convención. A ese fin, directamente o por conducto de una organización regional apropiada, procurarán: a) Coordinar la administración, conservación, exploración y explotación de los recursos vivos del mar; b) Coordinar el ejercicio de sus derechos y el cumplimiento de sus deberes con respecto a la protección y la preservación del medio marino; c) Coordinar sus políticas de investigación científica y emprender, cuando proceda, programas conjuntos de investigación científica en el área; d) Invitar, según proceda, a otros Estados interesados o a organizaciones internacionales a cooperar con ellos en el desarrollo de las disposiciones de este artículo*».

ii. Tipo de obligaciones

56. También es posible que las distintas disposiciones contengan diferentes tipos de obligaciones:

- Obligaciones de resultado: las partes se obligan a lograr un determinado resultado.

Convenio sobre el Acceso a la Información, la Participación del Público en la Toma de Decisiones y el Acceso a la Justicia en materia de Medio Ambiente (1998)

Artículo 1. Objetivo: «*A fin de contribuir a proteger el derecho de cada persona, de las generaciones presentes y futuras, a vivir en un medio ambiente que permita garantizar su salud y su bienestar, cada Parte garantizará los derechos de acceso a la información sobre el medio ambiente, la participación del público en la toma de decisiones y el acceso a la justicia en materia medioambiental de conformidad con las disposiciones del presente Convenio*».

- Obligaciones de medios/conducta: las partes se obligan a brindar o realizar esfuerzos para lograr un resultado.

Convención de las Naciones Unidas sobre el Derecho del Mar (1982)

Artículo 194. Medidas para prevenir, reducir y controlar la contaminación del medio marino: «*1. Los Estados tomarán, individual o conjuntamente según proceda, todas las medidas compatibles con esta Convención que sean necesarias para prevenir, reducir y controlar la contaminación del medio marino procedente de cualquier fuente, utilizando a estos efectos los medios más viables de que dispongan y en la medida de sus posibilidades, y se esforzarán por armonizar sus políticas al respecto. 2. Los Estados tomarán todas las medidas necesarias para garantizar que las actividades bajo su jurisdicción o control se realicen de forma tal que no causen perjuicios por contaminación a otros Estados y su medio ambiente, y que la contaminación causada por incidentes o actividades bajo su jurisdicción o control no se extienda más allá de las zonas donde ejercen derechos de soberanía de conformidad con esta Convención*».

- ambas: las partes se obligan a lograr un determinado resultado a través de un medio concreto.

A.3. Un instrumento multilateral puede garantizar la transparencia y la claridad de los compromisos

57. Dado el calado práctico que tienen los cambios introducidos en las normas en el ámbito de la fiscalidad internacional, es fundamental asegurar que todas las partes interesadas, es decir, las administraciones tributarias nacionales, los contribuyentes y terceros comprendan correctamente los derechos y las obligaciones de las partes del instrumento multilateral.

58. Aparte de la publicidad que rodea los trabajos relativos a la erosión de la base imponible y el traslado de beneficios y cualquier instrumento multilateral que pueda resultar de ellos, será necesario dar otros pasos a fin de garantizar que las modificaciones introducidas en los

convenios fiscales bilaterales en vigor y el grado de compromiso asumido por las partes se exponen de manera clara y transparente. Una cuestión conexa serían las diferencias entre las lenguas oficiales de los convenios fiscales bilaterales y las del instrumento multilateral. Como se describe a continuación, existen diferentes herramientas adecuadas para abordar estas cuestiones.

59. Los mecanismos descritos en el apartado A.1.5 anterior para garantizar una interpretación y una aplicación coherentes (directrices interpretativas, diálogo entre las partes sobre la aplicación) también serán necesarios para garantizar la transparencia y la claridad entre todas las partes interesadas.

A.3.1. Herramientas para garantizar la transparencia y la claridad

60. Dos aspectos merecen la atención con relación a las diferentes herramientas existentes para garantizar la transparencia y la claridad de los compromisos que asumen las partes en el marco de un instrumento multilateral:

- En primer lugar, el modo en que el instrumento multilateral ha modificado de manera concreta las disposiciones de los convenios fiscales en vigor.
- En segundo lugar, el grado de compromiso asumido por las partes en aquellos casos en los que el instrumento multilateral introduce flexibilidad en los términos del apartado A.2 anterior.

A.3.1.1. Publicación de las versiones consolidadas

61. Las partes pueden elaborar y publicar versiones consolidadas de los convenios bilaterales junto con el depositario del instrumento multilateral.

62. El texto consolidado reflejaría tanto los cambios concretos introducidos en el convenio fiscal bilateral vigente como, en su caso, cuando el instrumento multilateral permitiese una determinada flexibilidad, el grado de compromiso asumido por las partes. La presentación del texto podría resaltar los cambios.

63. Las versiones consolidadas se redactarían en aras de la transparencia y no afectarían a la fecha en la que las modificaciones de los convenios fiscales bilaterales empezarían a producir efectos jurídicos, que coincidiría con la fecha de entrada en vigor del instrumento multilateral.

64. A fin de proporcionar la suficiente información a todas las partes interesadas pertinentes, las versiones consolidadas de los convenios fiscales bilaterales podrían incluirse en bases de datos públicas.

A.3.1.2. Notificaciones y comunicaciones

65. El depositario del instrumento multilateral puede desempeñar un papel fundamental, pues entre sus funciones se comprenden la de «*recibir y custodiar los instrumentos, notificaciones y comunicaciones*»[15] relativos al tratado, así como la de «*informar a las partes en el tratado y a los Estados facultados para llegar a serlo de los actos, notificaciones y comunicaciones relativos al tratado*»[16].

i. Notificaciones de las partes al depositario del instrumento multilateral

66. Las notificaciones pueden contener la siguiente información:

- Modificaciones de las disposiciones de los convenios fiscales bilaterales.

  Como alternativa a las versiones consolidadas de los convenios fiscales bilaterales, se podría requerir a las partes de los convenios bilaterales que notificaran por escrito al depositario del instrumento multilateral los efectos que la entrada en vigor del instrumento multilateral produzca sobre la aplicación de las disposiciones del convenio bilateral.

Acuerdo de Extradición entre la Unión Europea y los Estados Unidos de América (2003)

Artículo 3.2: «*a) La Unión Europea garantizará, con arreglo al Tratado de la Unión Europea, que cada Estado miembro determine mediante instrumento escrito entre el Estado miembro y los Estados Unidos de América la forma en que, de conformidad con lo previsto en el presente artículo, se aplicará su tratado bilateral de extradición vigente con los Estados Unidos de América*».

- Grado de compromiso asumido por las partes.

  En determinados supuestos como, por ejemplo, en el caso de las reservas, se establece claramente que las medidas de exclusión de disposiciones se comuniquen al depositario, quien se lo notificará a todas las partes del convenio. Además, se puede solicitar a los depositarios que también notifiquen todas o algunas comunicaciones a un grupo más amplio que el de las partes del convenio.

  El mismo método podría adoptarse para otras medidas de exclusión, de elección entre disposiciones alternativas y facultativas. Por lo tanto, el instrumento multilateral podría determinar que, en el momento de la ratificación, cada parte debe proporcionar toda la información necesaria relativa a estas medidas al depositario, y este notificará debidamente a las demás partes.

Convención de las Naciones Unidas sobre el Derecho del Mar (1982)

Artículo 311.4. Relación con otras convenciones y acuerdos internacionales: «*Los Estados Partes que se propongan celebrar un acuerdo de los mencionados en el párrafo 3 notificarán a los demás Estados Partes, por medio del depositario de la Convención, su intención de celebrar el acuerdo y la modificación o suspensión que en él se disponga*».

Convenio de Asistencia Administrativa Mutua en Materia Fiscal (1988)

Artículo 2. Impuestos comprendidos: «*2. Los impuestos existentes a los que se aplicará el presente Convenio se enumeran en el Anexo A según las categorías a las que hace referencia el apartado 1. 3. Las Partes notificarán al Secretario General del Consejo de Europa o al Secretario General de la OCDE (en lo sucesivo denominados «los Depositarios») toda modificación que deba realizarse en el Anexo A como consecuencia de una modificación de la lista mencionada en el apartado 2. Dicha modificación surtirá efecto el primer día del mes siguiente a la expiración de un período de tres meses después de la fecha de recepción de la notificación por el Depositario*».

Protocolo Facultativo de la Convención sobre los Derechos del Niño relativo a la participación de niños en los conflictos armados (2000)

Artículo 3: «*Cada Estado Parte depositará, al ratificar el presente Protocolo o adherirse a él, una declaración vinculante en la que se establezca la edad mínima en que permitirá el reclutamiento voluntario en sus fuerzas armadas nacionales y se ofrezca una descripción de las salvaguardias que haya adoptado para asegurarse de que no se realiza ese reclutamiento por la fuerza o por coacción*».

Artículo 9.3: «*El Secretario General, en su calidad de depositario de la Convención y del Protocolo, informará a todos los Estados Partes en la Convención y a todos los Estados que hayan firmado la Convención del depósito de cada uno de los instrumentos de declaración en virtud del artículo 3*».

ii. Comunicaciones realizadas por el depositario a las demás partes del convenio y a las principales partes interesadas

67. De acuerdo con sus obligaciones de derecho internacional público, el depositario comunicará a las demás partes del instrumento multilateral todas las notificaciones que reciba.

68. Se podría dar la posibilidad de que otras partes interesadas se suscribieran a un sistema de notificaciones automático a fin de garantizar que reciben la información tan pronto como el depositario la notifica. Los depositarios de instrumentos multilaterales, con frecuencia, crean bases de datos electrónicas públicas o páginas web que contienen todas las comunicaciones pertinentes de las partes (por ejemplo, la Colección de Tratados de Naciones Unidas[17] y la Oficina de Tratados del Consejo de Europa[18]) y un sistema de suscripción a alertas electrónicas para cuando se publican nuevos documentos. Esto permitiría a todas las partes interesadas acceder de una forma sencilla a la información relativa a los compromisos asumidos por cada parte del instrumento multilateral.

A.3.2. Versiones en distintos idiomas

69. Dado que el instrumento multilateral modificaría la red de convenios fiscales bilaterales, es necesario reflexionar sobre la cuestión de las lenguas oficiales del instrumento multilateral. Por razones prácticas, los instrumentos multilaterales solo se negocian y firman en un número limitado de idiomas.

70. Los convenios bilaterales normalmente se autentican en las lenguas oficiales de los dos Estados partes. Por consiguiente, las lenguas de autenticación de los convenios bilaterales pueden ser distintas de aquellas en las que se va a autenticar el instrumento multilateral. Con posterioridad a la firma del instrumento multilateral, se podrían redactar textos oficiales en otros idiomas.

Convención multilateral tendente a evitar la Doble Imposición de las Regalías por Derechos de Autor (1979)

Artículo 16. Idiomas de la Convención y notificaciones: «*1. La presente Convención será firmada en un solo ejemplar en los idiomas siguientes: árabe, español, francés, inglés y ruso, y los textos serán igualmente auténticos. 2. El Director General de la Organización de las Naciones Unidas para la Educación, la Ciencia y la Cultura y el Director General de la Organización Mundial de la Propiedad Intelectual establecerán los textos oficiales, previa consulta con los gobiernos interesados, en los idiomas alemán, italiano y portugués*».

71. Sin embargo, desde un punto de vista práctico, no es posible tener textos oficiales del instrumento multilateral en todos los idiomas en que están redactados los convenios fiscales bilaterales. Existen muchos precedentes en los que se plantea esta cuestión de la diferencia de idiomas y hay formas de abordarla. Es preciso señalar que, con frecuencia, los convenios universales (como los convenios en materia de derechos humanos que aplican las administraciones y tribunales nacionales en todo el mundo) se traduzcan a todos los idiomas distintos de los auténticos en los que se redactó el convenio multilateral, lo que no ha planteado mayores dificultades.

72. Las traducciones no oficiales del instrumento multilateral podrían ser elaboradas por:

- Las partes de forma individual, cuya lengua oficial no coincida con el idioma de autenticación del convenio multilateral. En muchos casos, esas traducciones tendrán que realizarse de todos modos a fin de que las jurisdicciones cumplan los requisitos que exige la legislación nacional para ser parte de un convenio.
- Varias partes del instrumento multilateral, que podrían colaborar para aceptar una traducción a su lengua común. Existen ejemplos concretos de colaboración para preparar de forma coordinada una traducción no oficial de un convenio multilateral (por ejemplo, Austria y Alemania aceptaron la traducción al alemán del MAC).
- El depositario, que podría publicar traducciones no oficiales del instrumento multilateral (por ejemplo, las traducciones no oficiales a español y portugués del MAC).

73. Además, se puede crear un mecanismo para resolver cualquier discrepancia que surja con posterioridad entre las versiones oficiales del instrumento multilateral y, a su vez, entre estas y las traducciones no oficiales de dicho instrumento.

Conclusión

74. Este anexo conduce a la conclusión de que es posible crear un instrumento multilateral para aplicar las medidas desarrolladas en el marco de los trabajos del Proyecto BEPS. Además, este sería el medio más eficiente para modificar la actual red de convenios fiscales bilaterales. Un instrumento multilateral ofrece unas herramientas amplias y flexibles: una vez que exista acuerdo con relación a las medidas materiales, tendremos a nuestra disposición todos los mecanismos necesarios para recogerlas en forma de compromisos multilaterales y, si fuera necesario, precisar una determinada flexibilidad para la asunción de compromisos. La necesidad de transparencia y claridad con respecto a los compromisos que asumen los Estados y sus efectos sobre los convenios fiscales bilaterales pueden lograrse mediante soluciones que han funcionado con anterioridad inspiradas en el derecho de los tratados y los antecedentes prácticos.

75. Una vez que se ha tomado la decisión de trabajar para lograr un instrumento multilateral, las opciones incluidas en este texto pueden desarrollarse y concretarse mejor en apoyo de la negociación. Será fundamental que expertos en fiscalidad internacional y en derecho internacional público sigan trabajando conjuntamente en el desarrollo del instrumento multilateral que se inspire en el Derecho de los tratados y los antecedentes prácticos sin obviar las particularidades del ámbito tributario.

Notas

1. Artículo 2.1.a del CVDT.

2. Philip Baker (Reino Unido), Théodore Christakis (Grecia), Frank Engelen (Países Bajos), Concepción Escobar Hernández (España), Mathias Forteau (Francia), Itai Grinberg (Estados Unidos), Jan Klabbers (Países Bajos), Vaughan Lowe (Reino Unido), Philippe Martin (Francia), Yoshihiro Masui (Japón), Ekkehart Reimer (Alemania), Giorgio Sacerdoti (Italia), Dire Tladi (Sudáfrica).

3. El mismo análisis sirve para los convenios fiscales regionales como el Convenio Nórdico en relación con los impuestos sobre la renta y sobre el capital, el Convenio en materia de impuestos sobre la renta y sobre el capital de la Comunidad Andina y el Convenio en materia de impuestos sobre la renta de la Unión del Magreb Árabe.

4. Artículo 30 de la CVDT. Aplicación de tratados sucesivos concernientes a la misma materia: «*3. Cuando todas las partes en el tratado anterior sean también partes en el tratado posterior pero el tratado anterior no quede terminado ni su aplicación suspendida conforme al artículo 59, el tratado anterior se aplicará únicamente en la medida en que sus disposiciones sean compatibles con las del tratado posterior*».

5. Los convenios bilaterales celebrados entre Estados Unidos (EEUU) y los miembros de la Unión Europea (UE) antes de la entrada en vigor del Acuerdo entre la UE y EEUU aún están en vigor.

6. Artículo 41 de la CVDT. Acuerdos para modificar tratados multilaterales entre algunas de las partes únicamente: «*1. Dos o más partes en un tratado multilateral podrán celebrar un acuerdo que tenga por objeto modificar el tratado únicamente en sus relaciones mutuas: a) Si la posibilidad de tal modificación está prevista por el tratado; o b) Si tal modificación no está prohibida por el tratado, a condición de que: i) No afecte al disfrute de los derechos que a las demás partes correspondan en virtud del tratado ni al cumplimiento de sus obligaciones; y ii) No se refiera a ninguna disposición cuya modificación sea incompatible con la consecución efectiva del objeto y del fin del tratado en su conjunto. 2. Salvo que en el caso previsto en el apartado a del párrafo 1 el tratado disponga otra cosa, las partes interesadas deberán notificar a las demás partes su intenci6n de celebrar el acuerdo y la modificaci6n del tratado que en ese acuerdo se disponga*».

7. Malcolm N. Shaw, International Law, Cambridge, Sixth Edition, 2008, p. 910: «*The consent of the states parties to the treaty in question is a vital factor, since states may ... be bound only by their consent. Treaties are in this sense contracts between states and if they do not receive the consent of the various states, their provisions will not be binding on them*» [El consentimiento de los Estados partes del convenio en cuestión es un factor indispensable, pues los Estados solo pueden (…) obligarse prestando su consentimiento. En este sentido los convenios son contratos entre Estados por lo que, si los diferentes Estados no prestan su consentimiento para obligarse en virtud de los mismos, sus disposiciones no serán vinculantes para dichos Estados].

8. Artículo 34 de la CVDT. Norma general concerniente a terceros Estados.

9. Artículo 35 de la CVDT. Tratados en que se prevén obligaciones para terceros Estados.

10. *Revised Explanatory Report to the Convention on Mutual Administrative Assistance in Tax Matters* enmendado por el Protocolo, www.oecd.org/ctp/exchange-of-tax-information/Explanatory_Report_ENG_%2015_04_2010.pdf.

11. Artículo 40.4 de la CVDT.

12. La Comisión de Derecho Internacional dedica dos directrices de su Guía de la Práctica sobre las Reservas a los Tratados adoptada en 2011 (en los sucesivo «Guía de la Práctica») a estos dos mecanismos y proporciona precedentes muy útiles. Véase el documento A/66/10/Add.1, disponible en https://documents-dds-ny.un.org/doc/UNDOC/GEN/N12/203/21/PDF/N1220321.pdf?OpenElement.

13. Apartado 1 del Comentario a la directriz 1.1.6 de la Guía de la Práctica relativa a «reservas formuladas en virtud de cláusulas que autorizan expresamente la exclusión o la modificación de ciertas disposiciones de un tratado». Según esta directriz: «*Una declaración unilateral hecha por un Estado o por una organización internacional en el momento en que ese Estado o esa organización manifiesta su consentimiento en obligarse por un tratado, de conformidad con una cláusula que autorice expresamente a las partes o a algunas de ellas a excluir o modificar los efectos jurídicos de ciertas disposiciones del tratado respecto de la parte que haya hecho la declaración, constituye una reserva expresamente autorizada por el tratado*».

14. Apartado 1 de los Comentarios a la directriz 1.5.3 «Declaraciones unilaterales hechas en virtud de una cláusula de opción»

15. Artículo 77.1.c del CVDT. Funciones de los depositarios.

16. Artículo 77.1.e del CVDT. Funciones de los depositarios.

17. Colección de Tratados de Naciones Unidas: https://treaties.un.org/Home.aspx?lang=en.

18. Oficina de Tratados del Consejo de Europa: www.conventions.coe.int/.

Bibliografía

G20 (2009), *Declaration on Strengthening the Financial System*, London Summit [Declaración sobre el fortalecimiento del sistema financiero], 2 de abril 2009, www.g20ys.org/upload/files/London_2.pdf.

OECD (2013), *Action Plan on Base Erosion and Profit Shifting*, OECD Publishing, identificador de objeto digital (DOI): http://dx.doi.org/10.1787/9789264202719-en. [OCDE (2013), Plan de acción contra la erosión de la base imponible y el traslado de beneficios, Ediciones OCDE, París, disponible en el enlace http://dx.doi.org/10.1787/9789264207813-es].

Shaw, M. N. (2008) *International Law*, sixth Edition, Cambridge University Press, 2008.

ORGANIZACIÓN DE COOPERACIÓN Y DE DESARROLLO ECONÓMICOS (OCDE)

La OCDE constituye un foro único en su género, donde los gobiernos trabajan conjuntamente para afrontar los retos económicos, sociales y medioambientales que plantea la globalización. La OCDE está a la vanguardia de los esfuerzos emprendidos para ayudar a los gobiernos a entender y responder a los cambios preocupaciones del mundo actual, como el gobierno corporativo, la economía de la información y los retos que genera el envejecimiento de la población. La Organización ofrece a los gobiernos un marco en el que pueden comparar sus experiencias políticas, buscar respuestas a problemas comunes, identificar buenas prácticas y trabajar en la coordinación de políticas nacionales e internacionales.

Los países miembros de la OCDE son: Alemania, Australia, Austria, Bélgica, Canadá, Chile, Corea, Dinamarca, Eslovenia, España, Estados Unidos de América, Estonia, Finlandia, Francia, Grecia, Hungría, Irlanda, Islandia, Israel, Italia, Japón, Letonia, Luxemburgo, México, Noruega, Nueva Zelanda, Países Bajos, Polonia, Portugal, Reino Unido, República Checa, República Eslovaca, Suecia, Suiza y Turquía. La Comisión Europea participa en el trabajo de la OCDE.

Las publicaciones de la OCDE aseguran una amplia difusión de los trabajos de la Organización. Éstos incluyen los resultados de la compilación de estadísticas, los trabajos de investigación sobre temas económicos, sociales y medioambientales, así como las convenciones, directrices y los modelos desarrollados por los países miembros.

OECD PUBLISHING, 2, rue André-Pascal, 75775 PARIS CEDEX 16
(23 2015 40 4 P) ISBN 978-92-64-26712-1 – 2016

www.ingramcontent.com/pod-product-compliance
Lightning Source LLC
LaVergne TN
LVHW081423110826
845149LV00010B/1842

* 9 7 8 9 2 6 4 2 6 7 1 2 1 *